선생님, 제 마음이
왜 이렇게 힘들죠?

청소년을 위한 심리학 이야기

선생님, 제 마음이
왜 이렇게 힘들죠?

초판 1쇄 발행 _ 2019년 5월 15일
초판 3쇄 발행 _ 2020년 7월 10일

지은이 _ 김진영

펴낸곳 _ 바이북스
펴낸이 _ 윤옥초
책임 편집 _ 김태윤
책임 디자인 _ 이민영

ISBN _ 979-11-5877-094-5 03180

등록 _ 2005. 7. 12 | 제 313-2005-000148호

서울시 영등포구 선유로49길 23 아이에스비즈타워2차 1005호
편집 02)333-0812 | 마케팅 02)333-9918 | 팩스 02)333-9960
이메일 postmaster@bybooks.co.kr
홈페이지 www.bybooks.co.kr

책값은 뒤표지에 있습니다.
책으로 아름다운 세상을 만듭니다. ─ 바이북스

청소년을 위한 심리학 이야기

선생님,
제 마음이
왜 이렇게 힘들죠?

김진영 지음

바이북스
ByBooks

"나는 왜 살아야 하는 것일까?"
"나는 왜 행복하지 않은 것일까?"
"나는 어떻게 살아야 할 것인가?"

청소년기에 줄곧 내가 품었던 질문들이다.

부모님의 사업 실패로 인한 가난, 부모님의 이혼, 할머니의 치매, 같이 사는 작은 고모님의 조현병 등 우리 가족의 삶은 항상 힘들었다. 난 우리 가족들의 삶을 변화시키고 싶었다. 그러나 이는 말처럼 쉽지 않았다. 내가 할 수 있는 것은 없었다. 이 당시 나의 일기를 보면, 나를 자책하는 글들로 가득하다.

난 궁금했다. 우리 가족은 왜 이리 매일 힘들어야 하는지. 이러한 상황에서 난 무엇을 해야 하는지. 이에 대해 답을 해주는 곳은 없었다. 그러던 어느 날, 우연히 아버지의 책장이 눈에 들어왔다. 그리고 내 인생의 전환점이 된 한 권의 책을 발견했다. 브라이언 트레이시의 《성취심리》였다. 난 무엇인가에 홀린 듯 이 책을 단숨에 읽어버렸다. 항상 생각하지만, 내가 이 책을 만난 건 너무도 행운이었다.

브라이언 트레이시는 노숙자였다. 집이 없어서 길거리나 자신의 자동차에서 잠을 청하곤 했다. 그러던 그는 '성공하는 심리 기제'를 터득하고, 하루 강의 수입으로 8억 원을 벌 정도로 성공한 사람이 되었다. 나는 마치 어두운 터널 끝에 밝은 빛을 본 느낌이 들었다. 그가 말하는 성공하는 심리 기제를 실천하면 내가 궁금해 하던 질문들에 대한 답을 얻을 수 있을 뿐 아니라, 성공한 삶을 살 수 있겠다는 생각이 들었다.

난 다른 심리학 서적들에도 관심이 생기기 시작했다. 심리학에 빠져 버린 것이다. 난 당시 수능을 앞둔 수험생이었지만 틈만 나면 심리학책을 읽었다. 그 결과, 난 행복해졌다. 그리고 난 사람들의 고민을 상담해주는 심리상담사가 되었다. 이렇게 심리학은 '왜 살아야 하는지 몰랐던 청소년'을 행복하게 만들었을 뿐만 아니라 심리상담사로도 만들었다.

지난 4년여간 나는 심리상담사로서 청소년과 대학생, 학부모님들을 만나왔다. 자살하겠다는 청소년, 공부는 자신의 진로가 아닌 것 같다는 청소년, 가출을 일삼는 청소년, 대인관계가 힘들어서 학교를 자퇴한 청소년 등의 많은 청소년과 학부모님들까지 약 200명 가까이 되는 분들을 만나왔다. 그리고 이들의 아픔에 함께하며, 성장을 도왔다.

그러나 이렇게 상담실에 오는 청소년들은 그래도 다행인 편이다. 왜냐하면, 심리적인 어려움을 겪고 있으나, 여러 가지 이유로 상담실에 오지 못하는 청소년들이 너무나 많기 때문이다. 이들은 자신들의 어려움을 어떻게 해야 할지 모른 채로 혼자 아파하고 있다. 난 이렇게 혼자 아파하고 있는 청소년들에게 한 권의 책을 선물해주고 싶었다. 이들의 아픔을 함께하고 이들의 성장을 도울 수 있는 책 말이다. 더해서 청소년기 시절의 저자처럼 심리학에 관심이 있는 청소년들에게도 자신 있게 추천해줄 책을 쓰고 싶었다.

이 책에는 누구에게도 말 못 할 고민을 혼자 견디고 있는 청소년들, 자신의 삶을 더 행복하고 성공한 삶으로 만들고 싶은 청소년들, 심리학에 관심이 있는 청소년들에게 도움이 되는 심리학 이야기를 성심껏 담았다. 1장 〈선생님 제 마음이 왜 이렇게 힘들죠?〉에는 많은 청소년들이 고민하는 내용에 대해 답을 해주기 위해 저자가 실제로 상담을 했던 사례와 다양한 심리학 이야기를 담았다. 2장 〈선생님이 꼭 해주고 싶은 심리학 이야기 – 행복 편〉에는 우리가 행복한 삶을 살 수 있는데 도움을 주는 심리학 이야기를 담았다. 3장 〈선생님이 꼭 해주고 싶은 심리학 이야기 – 성공 편〉에서는 여러분들이 원하는 것을 이루고, 성공한 삶을 살아가는 데 도움이 되는 심리학 이야기들을 담았다. 4장 〈내가 심리학을 만난 건 너무도 큰 행운이었다〉에서는 청소년 시절 저자가 심리학을 만나고 변화된 이야기를 실었다. 1장에서 4장까지 이야기들은 실제로 저자의 삶에도 많은 도움을 주었던 심리학 이야기들이다. 이에 여러분들의 삶에도 많은 도움을 줄 것이라고 확신한다.

부디 이 책이 너무도 소중한 시절인 여러분들의 청소년기 시절을 잘 견디고, 여러분들이 꿈꾸는 열매를 맺고, 여러분들의 삶의 꽃을 피워 '행복'에 이르는데 조금이나마 보탬이 되기를 소망한다.

2019년 4월 15일 **김진영**

1장

선생님 제 마음이
왜 이렇게 힘들죠?

제가 이상하다고요?

"너는 도대체 왜 이 모양이니?"

부모님이나 선생님, 어른들이 청소년들을 잘 이해하지 못 한 채로 내뱉는 아주 고약한 말이다. '중2병', 어디로 튈지 모르는 '럭비공', '자동차 엔진에 자전거 브레이크를 장착한 자동차', '달리는 폭주 기관차' 등도 어른들이 우리 청소년들을 지칭할 때 사용하는 말이다. 그런데 나는 어른들의 이러한 언행이 청소년들을 너무 특이한 시기로 규정짓게 되고, 이로 인해 청소년들이 자신을 너무 이상한 존재로 생각하게 되는 것은 아닐까 염려가 된다.

어떠한 식물이든지 동물이든지 급격하게 성장하는 단계가 있다. 그리고 이러한 단계는 불안정하고 혼란스러운 단계일 수밖에 없다. 그럼에도 불구하고 이러한 시기는 여러 방면에서 다양한 성장과 발달이 이루어지는 시기이다. 청소년기가 바로 이러한 시기이다. 따라서 청소년기는 굉장히 중요한 시기이다. 신체적으로는 키, 몸무게, 근육, 2차 성징 등의 다양한 성장들이 이루어지고 정신적으로도 많은 성장이 이루어지는 시기가 바로 청소년기이다.

1848년 끔찍한 사건이 발생했다. 미국 버몬트주 철도 공사 중, 폭파 작업으로 날아 간 쇠파이프가 근처에서 근무 중이었던 피니어스 게이즈의 머리에 [그림 1]과 같이 박힌 것이었다. 이 쇠파이프는 피니어스 게이즈의 전두엽 부분을 관통했다. 피니어스 게이즈는 많은 수술 끝에 생명을 건졌지만, 피니어스 게이즈는 더는 이전의 피니어스 게이즈가 아니었다. 이전에는 상냥하고 사려가 깊은 사람이었으나 사고 후, 피니어스 게이즈는 무례하고 신뢰할 수 없고, 남을 고려하지 못하는 사람이 되었다. 이렇듯 전두엽은 우리들의 감정이나 행

[그림 1]

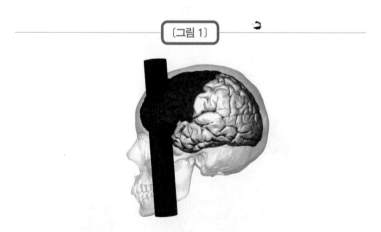

출처 :
Ratiu P, Talos IF, Haker S, Lieberman D, Everett P. The tale of Phineas Gage, digitally remastered. J Neurotrauma. 2004 May;21(5):637-43. PMID: 15165371 [1]

동을 조절하고 제어하는 역할을 한다.

내가 여기서 갑자기 왜 피니어스 게이즈라는 사람의 이야기를 했을까? 바로 청소년기의 뇌에 대해서 이야기를 하려고 이 이야기를 꺼냈다. 이번 내용이 조금은 어려울 수 있으나 여러분들의 삶에 도움이 될 내용이니 천천히 읽어보길 바란다.

〔그림 2〕은 우리들의 뇌 그림이다. 1970년대 신경과학자 폴 맥린은 다음과 같이 뇌를 3부분으로 나누고 이를 '삼위일체의 뇌'라고 불렀다. 우리들의 뇌가 3부분으로 나누어지고 각자 다른 역할들을 하고 있다는 의미이다.

〔그림 2〕①에 해당하는 제일 아랫부분(하늘색)은 '파충류의 뇌'로 불린다. 정식 명칭은 '뇌줄기'로 인간이 생명을 유지하기 위해 하는 기본적인 활동인 호흡, 심장박동, 혈압, 맥압, 혈류 등을 일정하게 유

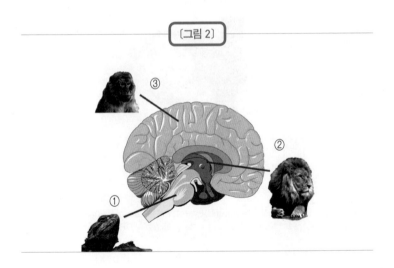

〔그림 2〕

지시키는 활동을 하는 곳이다. 이곳은 우리의 의지로는 조절하기 어려운데, 생명에 필수적인 활동들을 담당하기 때문이다.

〔그림 2〕②에 해당하는 중간 부분은 '포유류의 뇌'로 불린다. 정식 명칭은 '둘레계통〔편도체 등〕'으로 행복, 즐거움, 두려움, 분노와 같은 감정과 행동, 욕망 등의 조절 및 기억을 담당한다.

〔그림 2〕③에 해당하는 맨 윗부분은 '영장류의 뇌'로 불린다. 정식 명칭은 '대뇌피질〔전두엽 등〕'로 부위에 따라 다양한 기능을 하는데 의식적인 사고, 언어의 이해 및 발성, 자기지각 등의 고차원적인 활동을 하는데, 특히 전두엽은 우리들의 감정이나 행동을 조절하고 제어하는 역할을 담당한다. 철도 공사 중 사고를 당했던 '피니어스 게이즈'가 다친 곳도 바로 이 부분이다.

여기서 '파충류의 뇌'는 우리들이 잘 먹고, 잘 자는 등의 일상적으로 생활을 하면 크게 걱정을 하지 않아도 되는 곳이다. 알아서 잘 작동한다. 문제는 감정과 욕구를 담당하는 '포유류의 뇌'와 감정과 욕구를 조절하는 '영장류의 뇌'이다. 왜냐하면 '영장류의 뇌'는 우리가 태어나서 30년 동안 서서히 계속 성장을 하고, 평생 성숙하는 곳이지만, '포유류의 뇌'는 청소년기에 거의 완성이 되기 때문이다. 따라서 청소년기에 감정과 욕구는 왕성하지만, 이를 조절하는 능력이 부족하게 되는 것이다. 여러분들이 한 번씩 답답함이나 화가 치밀어 오르면서 어찌해야 할지 모르는 이유가 여기에 있다.

또한 청소년기에는 뇌세포 흥분 전달의 역할을 하는 호르몬인 도파민 분비가 최고조에 달하지만, 마음을 안정시켜주는 호르몬인 세로토닌은 적게 분비가 되므로, 뇌가 보상에 민감해져 흥분과 쾌락을 추구하게 된다. 그러니까 청소년들이 매일 반복되는 학교생활에는 지루함을 느끼고 새로운 흥밋거리를 찾아 헤매고, 화나 두려움 같은 감정에 너무 푹 빠져 버리게 되는 것이다. 더 심하게는 이러한 감정을 금방 차단해 버려서 본인이 이러한 감정을 느끼는 줄도 모르는 상태가 되어 버리기도 한다.

그렇다고 이러한 청소년들의 뇌 상태가 비정상적이거나 잘못된 것은 아니다. 어떠한 단계이든지 변화하고 성장하는 단계가 있기 마련이고, 이러한 단계는 혼란이나 아픔을 동반한다. 우리가 어떠한 집을 짓고 리모델링 할 때, 망치질도 하고 톱으로 자르기도 하듯이 초등학교 고학년에서 중학교에 올라가는 시기쯤 되면 감정과 욕구를 조절하는 전두엽이 대대적인 리모델링을 시작한다. 뇌세포끼리 연결된 신경망을 가지치기pruning하고, 새로운 연결망을 만드는 것이다. 그리고 이러한 시간이 있어야 안정적으로 작동하는 전두엽을 만들 수 있게 되고, 안정적으로 자신의 정서를 조절할 수 있게 되는 것이다.

그렇다면 여러분들이 어떻게 잘 성장한 전두엽을 만듦으로써 청소년기를 잘 극복해 나갈 수 있을까? 여기서 여러분들에게 영화 〈인사이드 아웃〉을 소개하고자 한다. 줄거리부터 간단하게 소개해보면, 여자 주인공 라일리가 태어남과 동시에 라일리의 감정〔기쁨이, 슬픔이, 소심이(두려움), 버럭이(화), 까칠이(역겨움)〕들도 태어난다. 이 영화 속 감정들은 우리 감정의 역할을 아주 잘 표현해주고 있다.

소심이(두려움)는 라일리가 위험 상황이 되면 라일리가 조심히 행동하게 함으로써 위험을 피할 수 있도록 한다. 까칠이(역겨움)는 라일리에게 해로울지 모르는 음식을 피할 수 있도록 한다. 우리들의 생존에 당연히 필요한 본능적인 행동이다.

그런데 문제가 생긴다. 라일리가 이사를 해서 친구들과 잘 어울리지 못하고, 부모님과의 사이도 안 좋게 되어버린 것이다. 이제 슬픔이가 역할을 할 차례이다. 이러한 상황을 잘 극복할 수 있도록 돕는 것이 슬픔이의 역할이기 때문이다. 그런데 기쁨이가 슬픔이가 제 역할을 하지 못하도록 방해한다. 슬픔을 느끼고 싶지 않기 때문이다. 그러나 이렇게 슬픔을 느끼지 않으면 않을수록 상황은 악화가 된다. 결국 라일리는 가출까지 하게 된다.

다행히 슬픔이의 역할이 필요하다는 사실을 깨달은 기쁨이가 슬픔이를 다시 데려오고, 라일리가 슬픔을 온전히 느끼고 슬픔에서 벗어날 수 있음으로써 영화는 해피엔딩으로 끝이 난다(이 영화가 애니메이션 영화라 약간 유치해 보일지 모르지만, 심리학적 요소가 정말 잘 스며들어 있는 아주 좋은 영화이다. 아직 못 보신 분은 꼭 보시길 추천한다).

여기서 핵심은 라일리가 슬픔을 온전히 경험한 뒤, 그 문제에서 벗어났다는 사실이다. 우리는 우리에게 일어나는 감정을 온전히 수용하고 보듬어주어야 한다. 우리는 엄마 뱃속에서부터 많은 감정을 경험하면서 살아오고 있다. 특히, 청소년기에는 위에서 말했듯이 감정을 더 왕성히 경험하는데 그때마다 이러한 감정을 돌보지 않고, 억누

르거나 회피하면 전두엽의 리모델링이 잘 진행되지 못한다.

그래서 여러분들에게 일어나는 슬픔이나 두려움, 화 등의 감정을 무시하고 억누르지 말고, 자신에게 일어나는 감정을 소중히 다루어야 한다. 영화 〈인사이드 아웃〉에는 이러한 대사가 있다.

"Crying helps me slow down and obsess over the weight of life's problems.
눈물은 우리들이 삶의 문제에 너무 얽매이지 않도록 돕고, 우리들을 진정시켜줘"

그렇다. 모든 감정에는 역할이 있다. 슬플 때, 참지 마라. 이는 여러분들이 지금 위로가 필요하다는 증거이다. 그리고 이렇게 여러분들의 감정을 알아줄 때, 여러분들의 전두엽은 성장한다.

선생님, 저 죽고 싶어요

"선생님, 저 죽고 싶어요."

고등학교 2학년에 재학 중이었던 A가 나에게 말했다. 이야기를 쭉 들어보니, A 입장에서는 이러한 말이 나올 만도 하겠다는 생각이 들었다. 아버지와 어머니가 이혼 후, 현재는 어머니와 형 그리고 A까지 3명이 함께 지내고 있는데, 어머니께서는 몸이 많이 편찮으신 상태였고, 형은 스무 살이 넘었음에도 불구하고, 집에서 마냥 게임만 하는 상태였다. 이러한 상황에서 A는 자신이 가족들을 책임져야 한다는 부담을 느끼고 있었다. A의 마음이 참으로 기특하게 느껴지면서도 너무 안타까운 상황이었다.

여기에 설상가상으로 A는 고등학교 2학년이 되면서 공부할 양이 많아졌고, 곧 고등학교 3학년에 올라갈 생각을 하니 답답한 마음을 어찌할 줄 몰라 상담센터를 찾아온 것이었다. 18살 나이에 가정을 책임져야 한다는 부담감과 공부까지 잘해야 된다는 강박감이 청소년을 짓눌렀고, 앞으로의 삶에 희망이 느껴지지 않았던 A는 자살을 생각한 것이었다.

안타깝게도 우리나라에는 이처럼 자살을 생각하는 청소년이 많다. 우리나라 청소년의 사망 원인으로 자살은 줄곧 1위를 지키고 있다.

더군다나 청소년들은 미디어의 영향을 크게 받는 시기여서, 연예인들이 하면 다 따라 하는 경향이 있다. 2017년 12월 샤이니 종현이 자살 후, 인도네시아 국적의 샤이니 팬 데비는 자신의 SNS 계정에 "더는 견딜 수 없다. 엄마, 아빠, 종현 오빠, 곧 따라갈 거야. 나를 기다려줘"라고 적은 후, 약물 과다복용으로 쓰러진 채 인근 병원으로 옮겨졌다.

또한 최근 TV 프로그램 〈고등래퍼〉에서 한 고등학생 래퍼가 날카로운 도구로 손목에 자해한 흔적을 바코드 모양에 비유한 노래를 선보인 후, 많은 청소년이 이를 따라 자해를 하는 것이다. 저자가 근무했던 청소년상담복지센터에도 2017년과 비교했을 때, 2018년에 자해를 하는 청소년들이 더 많이 찾아왔다.

그리고 이렇게 많은 청소년이 자살이나 자해를 선택하는 것은 학업 스트레스, 왕따 및 친구 관계 스트레스 등으로 청소년들의 삶이 매우 힘들다는 것을 보여준다. 그리고 청소년들이 이러한 스트레스에 대처하는 것에 취약하다는 것을 보여주기도 한다. 이는 〈제가 이상하다고요?〉에서 저자가 설명했듯이, 청소년들의 전두엽(영장류의 뇌)이다 성장하지 않은 상태이기 때문이기도 하다.

자살 문제뿐만 아니라 자해 문제는 정서조절이 서툴러서 나타나는 문제이다. 마음속에 두려움, 화, 슬픔 등의 정서들이 뒤섞인 상태로 어찌해야 할지 모르다가 자신의 몸을 상하게 하면, 상처가 난 부위에 정신이 집중되면서 잠시 정서가 안정되는 것이다. 그러나 이러한 방법은 올바른 정서조절 방법이 아니다. 자신의 몸만 상하게 된다. 저자도 청소년기 시절 스트레스가 너무 쌓여서 가슴이 답답하고 터져버릴 것 같았을 때, 벽을 때린 적이 있다. 이때 잠깐 답답한 마음이 후련해지는 것 같은 마음이 들긴 했지만 나에게 되돌아온 것은 다친 손뿐이었다.

따라서 우리는 우리 마음속의 '생명체'들인 정서를 잘 조절하는 연습을 해야 한다. 여기서 저자가 우리들의 정서를 '생명체'라고 부른 것에 주목해야 한다. 쉽게 이해를 하려면 〈제가 이상하다고요?〉에서 소개한 영화 〈인사이드 아웃〉을 생각하면 좋을 것이다. 〈인사이드 아웃〉에서 감정들이 마치 생명체처럼 움직이고 자신의 욕구를 표현하듯이, 심리학에서는 우리들의 감정 하나하나를 생명이 있는 생명체처럼 취급한다. 이 말은 우리들의 감정 하나하나를 생명이 있는 존재처럼 소중히 다룰 필요가 있다는 말이다.

우리는 하루에 몇만 개의 감정을 느끼며 살아간다. 지금 1년을 말하는 것이 아니라 1일, 하루를 말하는 것이다. 몇만 개의 감정 중, 우리에게 크게 영향을 주었지만 제대로 된 위로를 받지 못한 감정은 〔그림

[그림 3]

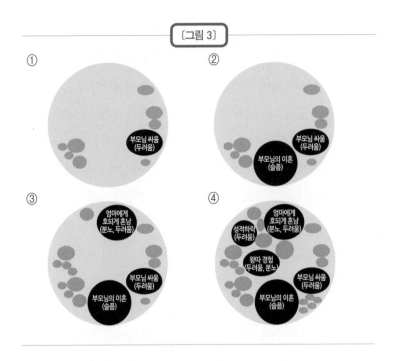

① 부모님 싸움
(두려움)

② 부모님 싸움
(두려움)
부모님의 이혼
(슬픔)

③ 엄마에게
호되게 혼남
(분노, 두려움)
부모님 싸움
(두려움)
부모님의 이혼
(슬픔)

④ 엄마에게
호되게 혼남
(분노, 두려움)
성적하락
(두려움)
왕따 경험
(두려움, 분노)
부모님 싸움
(두려움)
부모님의 이혼
(슬픔)

3]처럼 우리들의 마음속 그릇에 남게 된다. 어린 시절 부모님이 싸울 때의 느꼈던 두려움, 부모님께서 이혼했을 때 느낀 슬픔, 왕따 경험으로 인해 생긴 두려움, 분노 등 심지어 우리가 태아 때부터 느낀 감정들은 제대로 된 위로가 되지 않을 때 쌓이기 시작한다.

그런데 문제점은 이 마음속 그릇의 용량이 한정되어 있다는 것이다. 그릇도 그 용량에 넘치는 물을 부으면 넘치듯이 우리 마음의 그릇에도 이러한 감정들이 용량에 넘치게 쌓이면 문제가 생기기 시작한다. 일상생활에서 별다른 감정을 느끼지 못한다거나, 아니면 별 상황이 아닌데도 너무 민감하게 반응하게 되거나, 항상 답답하다거나, 심지어는 병원에서 아무 이상이 없다고 하는데 계속해서 신체적인 통증을 느끼기도 한다.

이러한 증상들은 바로 그릇에 쌓여왔던 감정들이 시위하는 현상인 것이다. 앞에도 말했고, 〈인사이드 아웃〉에서도 잘 보여줬듯이 우리들의 감정은 생명체여서 그 감정을 안 알아주면 자신도 알아달라고 막 소리를 치는 것이다. "나 좀 알아주라!!"라고 말이다. 사실, 자살도 이렇게 쌓인 감정들을 어떻게 감당하지 못해서 선택하는 것이다. 지금까지 살아오면서 힘든 감정들을 많이 경험하면서 살아왔는데, 앞으로도 계속해서 이러한 감정들을 경험하면서 고통스럽게 살아가느니 자살을 선택하는 것이다.

따라서, 우리는 우리들의 감정을 알아줘야 할 필요가 있다. 그리고 위로해줄 필요가 있다. 그러려면 우선, 우리는 우리들의 마음 상태를 잘 알 필요가 있다. 우리가 어떠한 상황에서 두려움을 느끼는지, 우리가 어떠한 상황에서 분노를 느끼는지 확인할 필요가 있다.

여러분들 중에 TV 예능 프로그램에서 연예인들이 눈을 가리고 상자 속 물건을 맞추는 것을 본 사람이 있을지 모르겠다. 참 웃기게도 상자 안에는 찰흙이나 바나나와 같이 우리에게 전혀 해를 주지 못하는 것들이 있음에도 불구하고 눈을 가린 연예인은 겁에 질려 하곤 한

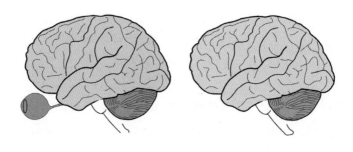

다. 그런데 눈을 가렸던 안대를 풀면 겁에 질려 있던 연예인들은 곧바로 웃음을 되찾는다.

바로 이러한 장면이 뇌의 특성을 잘 보여준다. 우리들의 뇌는 〔그림 4〕와 같이 눈이나 귀, 코와 같은 감각기관이 없으면 그야말로 두개골 안에 갇힌 채로 세상과는 단절된 기관이다. 그러니 우리들의 뇌는 우리들을 보호하기 위해서 우리들을 더 불안하게 만들고, 더 두렵게 만든다.

우리가 선사시대에 살고 있다고 가정해보자. 어떤 조그마한 땅속 구멍에 무엇이 있는지 궁금할 때 무작정 손을 집어넣은 사람들은 뱀과 같은 동물에 물려서 다 죽었을 것이다. 그러나 조심스럽게 막대기를 넣어서 확인한 사람만이 살아남았을 것이다.

그래서 뇌는 우리가 위험에서 벗어났다는 상황을 눈으로 확인한

2019년 5월 1일(수)

1.절망감 - 생각보다 성적이 너무 안나와서 절망스러움

2.두려움 - 부모님이 성적으로 가지고 혼 내실까봐 두려움

3.두려움 - 친구들이 나를 멀리하는 것 같아서 혼자될까봐 두려움

4.슬픔 - 왜 자꾸 이러한 상황이 나에게 반복이 되는지 슬픔

후에야 우리를 안정시킨다. 따라서 우리는 우리를 스트레스 받게 하고, 힘들게 하는 것이 무엇인지 글씨로 써서 눈으로 확인할 필요가 있다.

〔그림 5〕은 내가 심리학과 대학원생 시절의 수련 방법으로 1년 정도 썼었던 '느낌노트'를 예로 표현한 것이다. 자세히 내용을 보면, 그날 느꼈던 느낌(감정)을 적고 이 감정이 왜 들었는지 적는 것이다. 감정을 주제로 쓰는 일종의 일기라고 보면 좋을 것이다.

예를 들어 '절망감. 성적이 생각보다 안 나와서 절망스러움'과 같이 적을 수 있다. 그리고 이렇게 자신의 감정을 쓰다 보면 내 안에 있던 다양한 감정들이 연달아서 올라오는 것을 느낄 수도 있다. 절망감을 쓰고 나면, '두려움. 부모님께 혼날까 봐 두려움'이나

'슬픔. 왜 자꾸 이러한 상황이 나에게 반복이 되는지 슬픔'과 같이 연쇄적인 감정이 올라올 수 있다. 그러면 이러한 감정 하나하나를 〔그림 5〕와 같이 적어보자.

이렇게 '느낌노트'를 쓰는 것은 〔그림 4〕와 같이 우리들의 뇌에게 우리가 어떠한 것을 두려워하고 있고, 슬퍼하고 있는지 보여주는 것이다. 이렇게 우리는 우리가 어떠한 상황에서 어떠한 감정을 느끼는지 확인함으로써 이 감정들에서 자유로워질 수 있다.

이에 나는 여러분들에게 느낌노트를 수시로 쓰는 것을 권하고 싶다. 나는 대학원 시절에 느낌노트를 가지고 다니면서 수시로 썼다. 요즘에는 대학원생 시절 때처럼 매일 쓰지는 않지만, 스트레스 상황이 나의 마음을 뒤집어 놓을 때 느낌노트를 쓴다. 그럼 그때마다 항상 마음이 잘 정리가 되고 후련해지는 것을 경험한다.

느낌노트는 우리들의 마음을 편안하게 해주는데 정말 탁월한 방법이지만, 〔그림 3〕과 같이 여러 마음의 상처들이 많이 쌓인 사람들에게는 당장 와 닿지 않는 방법일 수 있다. 너무 많은 물을 좁은 하수도로 내려보낼 때, 시간이 오래 걸리는 것과 같은 이치이다. 그만큼 여러분들의 마음에 많은 상처가 쌓여 있다는 것이다.

이러한 친구들에게는 상담받는 것을 추천하고 싶다. 잘 훈련된 심리상담사들은 여러분들의 아픔을 온전히 함께하고 또 여러분들이 더 행복한 삶을 살 수 있도록 이끌 것이다. 상담은 느낌노트의 효과처럼 자신의 마음이 정리되는 효과도 있을뿐더러, 상담 선생님의 위로와 격려 및 지도를 통해 더 효과적으로 여러분들의 심리적인 어려움을 해결해줄 것이다.

1880년 미국 보스턴 주립 빈민 보호소. 애니라는 이름의 한 소녀가 있었다. 이 소녀는 간병인이 애니에게 밥을 먹이려 자신의 몸에 손을 대기만 해도 소리를 꽥꽥 지르기 일수였다. 그래서 빈민보호소에서는 항상 더 시끄러워지기 전에 애니에게 안정제를 투여하기 바빴다. 빈민 보호소에서는 애니를 그냥 굶겨 죽이자는 이야기도 나왔다.

그러던 중, 간호사 생활을 하다가 은퇴한 로라라는 할머니가 빈민 보호소에 봉사하고 싶다며 찾아왔다. 빈민보호소에서는 로라 할머니에게 애니를 맡기기로 했다. 그러나 로라 할머니에게도 애니는 쉽지 않았다. 로라 할머니가 애니를 밥 먹이고자 다정히 갔지만 애니는 역시 소리를 지르기 십상이었다. 그래도 로라 할머니는 애니에게 말했다.

"세상에 포기해도 되는 사람은 없어. 우리 서로에게 쓸모 있는 사람이 되어주기로 약속하지 않을래?"

이렇게 애니에게 관심을 두던 로라 할머니가 이상한 것을 발견했다. 애니가 눈은 뜨고 있지만 앞을 보지 못하는 상태라는 것이었다. 보호소에서는 애니가 눈이 안 보인다는 사실도 모르고 안정제만 투여하려고 했었던 것이었다. 로라 할머니가 말했다.

"느껴지니 애니? 사랑은 여기에 있는 거야……보지 않아도 느낄 수 있는…… 내가 널 얼마나 아끼고 사랑하는지 느낄 수 있겠니? 세상을 꼭 눈으로 봐야 하는 건 아니야. 눈은 기껏해야 겉모습만을 볼 수 있으니까",

애니가 대답했다.

"무서웠어요…… 항상 제 옆에 있을 것이죠?"

로라 할머니가 답했다.

"물론이지. 절대 네 옆을 떠나지 않을 거야…… 절대로……."

애니는 이후, 학교에도 진학했다. 그리고 한 의사 선생님의 수술을 통해 시력을 회복하기까지 했다. 어느 정도 시력을 회복하게 된 애니는 그 후 학교 친구들을 도우며 열심히 학교생활을 해나갔고, 졸업할 때에는 최고 우등생으로 뽑히기도 했다. 그리고 애니는 로라 할머니가 자신에게 희망을 주었던 것처럼, 다른 사람에게 희망을 주고자 한 가정을 방문했다.

이 가정에는 애니의 어린 시절처럼 앞을 볼 수 없고, 절망에 쌓인 채 난폭하게 변해있는 한 소녀를 만날 수 있었다. 애니는 그 소녀에게 다가가 말을 걸었다.

"안녕, 헬렌 켈러! 너와 함께 지내게 될 설리번 선생님이야. 세상에 포기해도 되는 사람은 없어…… 우리 서로에게 쓸모 있는 사람이 되어주기로 약속하지 않을래?"

그렇다. 애니는 시각, 청각 장애인이었지만 작가이자, 교육자이자 사회사업가로서 많은 사람에게 도움을 주는 삶을 산 헬렌 켈러를 교육했던 설리번 선생님이었다. 이렇든 기적은 기적을 낳는 것이다. 헬렌 켈러는 자신의 자서전에서 이렇게 밝혔다.

"일생을 통틀어 가장 중요한 날이 있다면 바로 이날, 내가 설리번 선생님을 만난 날이다."

여러분들 주변에도 설리번 선생님처럼 여러분들을 기다리고 있는 상담사들이 많다.

앞부분에 소개한 청소년 A는 나에게 1년 6개월 정도 상담을 받았다. 그리고 이 청소년은 지금 대학교에 당당하게 합격했고, 대학교에도 잘 적응한 상태이다. 물론, 1년 6개월 정도 상담이 진행되었다고 해서 이 청소년의 가정환경이 달라진 것은 아니다. 다만 상담을 통해, 당시 이 청소년이 가지고 있었던 공부에 대한 걱정을 함께 공감해주고, 가족을 책임져야 한다는 부담감을 내려놓도록 분리해줬을 뿐이다. 눈앞의 상황은 변하지 않았지만, 가슴속에 쌓여 왔던 감정들이 위로를 받음으로써 마음이 편안해진 것이다.

여러분들도 힘든 것들을 여러분들 혼자 고민하지 않았으면 좋겠다. 여러분들의 주변에는 여러분들의 고민을 함께 하고자 하는 사람들이 많다. 여러분들 학교에는 'Wee 클래스' 상담 선생님도 계시고, 각 지역에는 '청소년상담복지센터' 상담 선생님들도 계신다(국번 없이 1388로 전화를 하면 가까운 부근 '청소년상담복지센터'로 연결이 된다. 물론 비용은 무료이다). 그래서 평상시에 혼자 고민하고 있었던 내용이나, 쌓여왔던 스트레스, 감정들을 상담 선생님들과 나눔으로써 여러분들의

아픔을 위로받기도 하고, 위와 같이 감정을 다루는 방법에 대해서 더
자세히 배웠으면 좋겠다.

엄마 아빠, 전 엄마 아빠의 로봇이 아니라고요

2005년 중국. 에스미 챙Esmie Tseng이라는 16세 소녀가 55세인 자신의 어머니를 칼로 찔러 살해하는 사건이 발생했다. 사건 조사 결과 에스미 챙의 부모는 평상시 에스미 챙에게 불가능할 정도로 높은 기준을 요구한 것으로 밝혀졌다. 에스미 챙의 부모는 에스미 챙이 시험에서 상위 4% 이내의 성적을 유지함은 물론이고, 경시대회에서 상을 받지 못하면 피아노를 던져버리겠다고 하는 등의 협박을 해온 것으로 드러났다. 이러한 협박을 견디지 못한 에스미 챙은 잘못된 선택을 하고, 징역 8년 형을 선고받게 된다.

너무도 가슴이 아픈 사건이다. 그리고 '세상에 어떻게 이런 끔찍한 일이 일어날 수 있을까?' 하는 생각이 들지만, 최근 우리나라 경찰청에서 발표한 이와 같은 존속 범죄(친족을 대상으로 발생하는 범죄) 발생 현황을 보면, 이러한 사건은 우리 주변에서도 충분히 일어날 수 있는 사건임을 알 수 있다.

이러한 사건은 부모님께 오랫동안 쌓인 분노 때문에 발생한다. 청소년들을 대상으로 상담을 진행하다 보면, 부모님에게 분노가 쌓인 청소년들을 많이 만나게 된다. 학교가 끝나면 곧바로 학원으로 가서 저녁 11시가 넘는 시간까지 공부하다가 집에 와서 잠깐 쉬려고 하는데, 이를 보고 엄마가 "숙제는 하고 노니?"라고 혼을 내는 상황을 겪는 청소년들 말이다. 이러한 상황을 상담 주제로 꺼낸 한 청소년은 "가슴에 시멘트가 쌓인 것처럼 답답하다"고 호소하기도 했다. 이렇듯 마음속에 쌓인 묵은 감정들은 우리들을 병들게 한다.

물론 부모님들이 이런 식으로 자녀들에게 공부하라고 잔소리를 하고, 높은 기준을 요구하는 것은 자녀들을 사랑하는 마음에 하는 것일 것이다. 나의 사랑하는 아들, 딸이 좋은 대학에 들어가서 좋은 직장에 취직해서 행복하게 살기를 바라는 마음에서 말이다. 그러나 이렇게 부모님들께서 자녀를 사랑하는 마음이 자녀들에게 잘못 전달될 때에는 오히려 자녀들을 불행하게 만든다는 사실을 부모님들께서는 염두해야 할 것이다.

저자와 어머니의 관계도 이와 비슷했다. 저자의 어머니께서는 저자에게 "공부를 해라"라는 잔소리를 하시지는 않으셨지만, 어머니 당신의 기준에서 내가 벗어날 때는 나를 호되게 혼내시곤 하셨다. 내가 7살 무렵이었을까? 내가 무엇을 잘못했는지는 기억이 나지 않지만, 어머니께 회초리로 호되게 혼나면서 오줌을 질질 싼 적도 있었다. 또 한 번은 26살이 넘었을 때, 외박을 한번 한 것을 가지고 "이럴 거면 집에 들어오지 말고 계속 나가라! 집에 올 생각하지 마라!"며 엄청난 화를 내서서 크게 싸운 적도 있었다.

물론 어머니께서는 내가 잘되라고 그러셨겠지만, 이렇게 나를 호되게 혼내는 경험들이 쌓인 결과 나에겐 어머니에 대한 분노가 쌓여 왔다. 그래서 한 번은 이러한 주제로 개인상담을 받던 중에, "이 ××년아!!" 하면서 꺼이, 꺼이 울었던 적이 있다. 약 27년간 쌓여왔던 어머니에 대한 서운함과 분노에 접촉하게 된 것이었다.

이렇게 나는 〈선생님 저 죽고 싶어요〉에서 말한 마음의 그릇 속 감정을 만나서 속 시원하게 욕도 하고, 울기도 함으로써 나의 묵은 감정을 위로할 수 있었다. 20여 년간 막혀 있었던 무언가가 '뻥!!' 뚫린 기분이었다. 그리고 나는 상담을 통해 나에 대한 사랑을 그런 식으로밖에 표현할 수 없었던 어머니를 이해하게 됨으로써 어머니와의 진정한 화해를 할 수 있었다. 나는 이렇게 어머니에게 가지고 있었던 분노에 대해 상담을 받은 후, 어머니와 훨씬 더 좋은 관계로 발전할 수 있었다.

그리고 내가 어머니와 이렇게 싸웠던 이유에는 독립 문제가 얽혀 있기도 했었다. 26살이 다된 청년이 아직 어머니와 함께 지내고 있으니, 어머니도 그렇고 나도 그렇고 서로 마음에 들지 않는 부분이 쌓였던 것이다. 그래서 여러분들에게도 독립에 대해서도 몇 가지 이야기해주고 싶은 것이 있다.

독립은 '경제적 독립'과 '심리적 독립'으로 나누어진다. '경제적 독립'은 말 그대로 부모님으로부터 용돈을 받지 않고, 내가 필요한 돈은 스스로 벌어서 쓸 수 있는 상태를 말한다. 이러한 상태가 되면 부모님과의 관계가 훨씬 좋아지고 자유로워질 수가 있다. 왜냐하면, 부모님은 돈이 적게 들어서 좋고, 자녀는 자신이 부모님에게 맞추기 싫은 부분에 억지로 맞추지 않아도 되기 때문이다. 그러나, 여러분들의 나이는 아직 이러한 경제적 독립을 이루기에는 이른 나이이니 '심리적 독립' 이야기를 할까 한다.

'심리적 독립'은 부모님과의 심리적인 분리 상태라고 이야기할 수 있다. 예를 들어서 부모님들끼리 부부싸움을 할 경우, 자녀인 우리가 걱정되고 신경이 쓰이는 것은 당연한 것처럼 보이기도 하다. 그러나 이렇게 부모님들의 부부싸움에 계속해서 관여하게 되면 여러분들도 경험했듯이, 정서적으로 매우 힘들 것이다. 부모님들의 부부싸움은 부모님들 스스로 해결해야 하는 일이다.

그런데, 많은 부모님은 부부싸움에 자녀들을 함께 참여시킨다.

"○○아 이리 와봐. 이런 상황에서 아빠가 맞니? 엄마가 맞니?"

이러한 행동을 심리학적 용어로는 '삼각관계'라고 표현을 하는데, 이런 식으로 문제를 해결하려고 하면 할수록 문제는 더 깊어질 뿐이다. 따라서 자녀들은 쉽지 않겠지만, 부모님들의 문제는 부모님들께서 해결할 수 있도록 거리를 두어야 한다.

또 다른 의미의 심리적인 독립은 부모님과 떨어져서 혼자 지낼 수 있는 상태를 의미한다. 부모님과 떨어져 있어도 외로움을 느끼지 않고, 잘 지낼 수 있으면서 부모님이 보고 싶으면 자연스럽게 왕래를 하는 상태이다. 그런데 어떤 사람들은 30살이 넘어서도 부모님과 떨어져 지내지 못하고, 어떤 일이든지 부모님과 함께해야 편안함을 느끼는 사람들이 있다. 이러한 사람들은 그만큼 혼자 해결할 수 있는 능력이 줄어든다고 보면 된다. 그러나 이러한 '심리적인 독립'이 말처럼 쉽지는 않다.

따라서 나는 다시 한번 상담의 필요성을 이야기하고 싶다. 상담은 자신의 내면 문제를 해결하는데 에도 도움을 주지만 부모, 자녀 관계와 같이 다른 사람과의 관계 문제를 해결하는 데에도 많은 도움을 준다. 상담 선생님과 '내가 왜 자꾸 부모님과의 관계가 틀어지는가?', '어떻게 하면 부모님과 편안한 관계가 될 수 있을까?' 등의 주제에 대해서 상담을 함으로써 위와 같은 심리적 독립을 이루는 데 도움을 받을 수 있고, 더 나아가서 경제적 독립을 이루는 데도 도움을 받을 수 있다.

저의 외모가 마음에 들지 않아요

"선생님… 저 성형수술을 하고 싶어요."

하얀 피부에 예쁜 얼굴을 가진 청소년 샛별(가명)이가 상담을 받으러 찾아와서 나에게 말했다.

"샛별아 넌 지금도 충분히 예뻐."

내가 아무리 샛별이에게 수없이 이야기를 해보아도 돌아오는 대답은 항상 같았다.

"그래도 성형을 하고 싶어요. 선생님."

샛별이의 성격은 내성적이었다. 그래서 친구들이 먼저 다가오지 않으면, 먼저 다가가지 못하곤 했었다. 그래도 초등학교 시절에는 먼저 다가와 주는 친구들이 있었는데, 중학교에 올라간 이후에는 먼저 다가오는 친구들마저 사라졌다. 외톨이가 되어버린 것이다.

그러던 중 샛별이는 살을 뺐다. 그런데 이게 무슨 일인가? 평상시에는 관심이 없던 친구들이 샛별이에게 관심을 갖기 시작했다. 샛별이는 이러한 관심이 달갑지만은 않았다.

"평상시 나에게 관심도 없던 애들이 내 외모가 달라졌다고 이렇게 달라져? 역겨워."

샛별이는 이러한 친구들의 반응이 싫었지만 그래도 '역시, 사람들은 외모가 예쁜 사람을 좋아해'라는 신념이 생겨버렸고, 이미 충분히 예쁜 자신의 얼굴에는 만족을 느끼지 못하고 계속해서 얼굴에 집착하게 된 것이다.

저자도 청소년기 시절에 외모 콤플렉스가 있었다. 외출할 때가 되면 머리 스타일을 이렇게도 해보고, 저렇게 해보기도 하다가 좌절하면서 거울 앞에서 한참을 서성이곤 했었다. 긴 얼굴에 밋밋한 눈썹, 여기에 여드름까지. 초등학생 시절 '오이', '땅콩' 등의 별명은 애교였고, 고등학생 시절 봉준호 감독님의 영화 '괴물'이 상영될 때에는 '진괴(진영 괴물)'라는 별명도 있었다.

사실 이러한 이야기는 비단 위의 샛별이와 청소년 시절 나의 이야기만은 아니다. 많은 청소년이 외모에 집착하고, 외모 꾸미기에 전념이 없을 뿐만 아니라 어른들까지도 외모에 목을 거는 사람들이 너무도 많다. 그리고 더 나아가서 외모가 개인 간의 우열뿐 아니라 인생의 성패를 좌우한다고 믿고 외모에 지나치게 집착하는 사회 풍조를 뜻하는 '외모지상주의'라는 말이 있을 정도로 외모는 우리 사회에서 너무도 중요하게 여겨지고 있다.

그러면 사람들은 왜 이렇게 외모에 관심을 가지고 외모로 사람들을 판단하는 것일까? 그 이유는 외모가 바로 짧은 시간에 상대를 파악할 수 있는 가장 손쉬운 방법이기 때문일 것이다. 우리는 상대와 이야기를 섞기 전에 상대의 얼굴, 표정, 옷차림 등을 보고 0.3초 안에 그 사람을 판단하게 된다. 그런데 이렇게 외모로만 판단하는 것은 상대를 빠르게 판단할 수 있다는 장점이 있지만, 그만큼 판단이 정확하지 않다는 맹점을 가지고 있다.

이러한 점은 나의 아버지께서 어린 시절부터 나에게 가르쳐주셨던 사실이다. 내가 거울 앞에서 머리를 만지고 서성일 때마다 아버지께서는 "사람은 외모보다 행동이 멋있어야 해"라고 말씀해주시곤 하셨다. 그때 당시에는 아버지의 말씀이 이해가 되면서도 "그래도 제가 잘 생겨졌으면 좋겠어요"라는 마음이 있었는데, 30살이 된 지금에서 생각하면 아버지의 말씀이 너무도 맞는 말씀이라는 사실을 실감한다.

그리고 외모에 대한 나의 가치관을 잘 잡을 수 있도록 도움을 주신 분이 계시는데, 바로 나의 지도 교수님이신 이영순 교수님의 스승님이자, 나의 스승님이시기도 한 대화 스님이시다. 나는 대화 스님께 집단상담은 물론 개인 상담을 많이 받아왔다. 하루는 개인 상담 시간에 내가 나 자신의 외모에 대한 자신감이 없는 사실에 대해 고민을 꺼냈다. 부끄럽지만 내가 27살 때 꺼낸 고민이었다.

대화 스님께서는 평상시에도 내가 변화해야 할 나의 심리적인 주제와 관련해서 따끔하게 혼을 내주시곤 했다. 그런데 외모 고민을 꺼낸 이 날은 이전에 혼이 난 것과는 비교가 되지 않을 정도로 많은 혼이 났다. 아마 조금 과장해서 내가 평생 들을 수 있는 욕이란 욕은 1시간 동안 내리 들었던 것 같다.

"네가 지금 나이가 몇 살인데, 외모 타령을 하고 있나? 실력과 성품을 갈고닦아서 한 나라의 어른으로서 나라를 책임져야 할 나이에!!"

이러한 상담 과정을 심리학적 용어로는 '직면'이라고 한다. 상담을 받는 사람(내담자)이 현실에 도움이 되지 않는 생각에 휩싸여 있을 때, 주로 사용하는 기법이다.

대화 스님의 이러한 직면은 아주 효과적이었다. 나는 이 상담 이후, 외모에 대한 콤플렉스가 싹 사라졌다. 이후에도 거울을 보면서 나의 외모가 마음에 들지 않는다고 생각이 들 때면, 곧바로 "내가 신경 써야 할 것은 외모가 아닌 실력을 쌓는 것이야!!"라는 신념이 생겼다. 지금 와서 다시 생각해도 대화 스님의 말씀은 너무도 맞는 말씀이었고, 스님의 이러한 말씀은 나에게 너무도 좋은 약이 되었다.

이러한 말이 청소년기인 여러분들에게는 그다지 와 닿지 않는 말일 수 있다. 그러나 어른이 되면 될수록, 사람들은 외모보다 그 사람의 내면을 더 중요한다는 것을 확연히 느낄 수 있다. 어른이 될수록, 어떤 사람의 외모보다 그 사람이 가진 생각, 성격, 성품에 따라서 그 사람을 평가하게 된다.

여러분들도 주변에 보면 외모는 잘 생기고, 예쁜지만 별로 가까이 하고 싶지 않고, 인기가 없는 친구가 있는 반면에 외모는 그렇게 잘 생기거나 예쁘지 않은데, 그 친구랑은 친하게 지내고 싶고, 친구들에게 인기가 많은 친구가 있지 않은가?

그런데도 "그렇게 노력해봐야 소용없어요, 선생님. 결국 사람들은 얼마나 예쁜지, 잘 생겼는지로 판단해요"라고 말하는 청소년이 있을지 모르겠다. 청소년들의 말이 어느 정도는 공감되지만, 이 청소년들에게는 이렇게 이야기해 주고 싶다.

"얼굴로 사람을 평가하고 판단하는 사람들하고는 굳이 친하게 지내지 마세요."라고 말이다. 상대가 어떤 사람인지에 대해서 이야기도 안 해보고 상대의 내면이 어떤지도 모르면서 상대를 얼굴로 판단하는 사람은 보나 마나 같이 친해져 봐야 이득이 될 것이 없는 사람이다. 세상에는 이러한 사람들 말고도 좋은 사람들이 너무도 많고, 이러한 사람들과 좋은 교류를 하기에도 시간이 부족하다.

그리고 더 나아가서는 우리 자신 스스로도 사람들을 외모로 평가하는 습관을 고쳐야 한다. 언제부터 우리들 안에 자리 잡았는지는 모르지만 외모로 상대를 평가하는 습관은 우리 모두에게 너무도 뿌리 깊게 박혀 있어서 우리는 이러한 습관을 의식적으로 고칠 필요가 있다.

생각해보자. 상대를 외모로만 판단하지 않고, 상대의 내면을 더 중요시하는 사람. 상대의 외모에 상관없이 그 상대와 잘 지내고 잘 교류할 수 있는 사람. 또한 자신의 외모만 가꾸기보다 자신의 인품이나 내면을 더 성숙하게 발전시키기 위해 노력하는 사람을 떠올리면 얼마나 멋지고 아름다운가?

만약, 여러분들 나이 때부터 이러한 마음가짐으로 삶을 살아간다면 분명 여러분들은 어른이 되었을 때 사람들에게 존경받고, 사람들에게 좋은 영향을 끼치는 사람으로 살아가고 있을 것이다. 이러한 청소년들이 많아지길 기도한다.

미국의 제16대 대통령 링컨은 "40세가 되면 자신의 얼굴에 책임을 져야 한다"는 말을 했다. 이는 사람이 태어날 때는 부모님께 물려받은 유전자로 얼굴이 결정되지만, 40세가 되면 40년간 마음을 어떻게 썼는지가 얼굴에 그대로 드러난다는 말이다. 그래서 주변의 어른을 보면 어떤 어른은 얼굴에 욕심이 덕지덕지 붙어 있는 분인가 하면, 어떤 어른은 너무도 인자하신 얼굴을 가지고 계신 분이 계신다. 그래서 우리는 외모 걱정에 빠져있을 시간에 우리들의 성품이나 실력을 쌓기 위해 노력해야 한다.

그런데, 여기서 짚고 넘어가야 할 것이 있다. 아무리 성품이나 내면의 실력을 중요시해야 한다고 해서 잠을 자다가 일어난 그대로 씻지도 않고, 눈곱을 붙인 채로 다니라는 말은 아니라는 것이다. 우리가 기본적으로 챙길 수 있는 부분(깔끔하게 씻고 다니기, 밝은 표정으로 다니기 등)은 신경 쓸 필요가 있다는 것은 굳이 말을 하지 않아도 알 것이다.

국회의원, 공공기관 및 대기업 임원 등을 상대로 뷰티 교육을 진행하는 최지원 컨설턴트는 자신의 책《렛 미 샤인》에서 매력은 행운처럼 주어지는 것이 아니라 연습으로 만들 수 있다고 말한다. 우리가 사람들의 얼굴에 집중하게 되는 이유는 얼굴이 그 사람의 감정을 가장 구체적으로 보여주기 때문인데, 그래서 우리가 외모에서 신경 써야 할 부분은 미모美貌가 아닌 표정이라는 것이다.

따라서 최지원 컨설턴트는 표정이 그 사람을 매력적으로 보이게 하는 데 굉장히 중요한 역할을 하고 있으며, 표정은 우리의 연습으로 충분히 변화할 수 있다고 하면서 표정 연습 방법을 그녀의 책에 설명해 놓았다. 저자도 외모 콤플렉스를 겪었던 청소년기 시절 이러한 연습을 시작했다. 하루에도 몇 번씩 거울을 보며 웃는 연습을 하고, 얼굴 근육을 풀어주는 '아이우에오' 연습을 하기 시작한 것이다. 그리고 이러한 연습 후, 사람들에게 훨씬 편하게 다가갈 수 있었고, 요즘은 사람들에게 인상이 좋다는 이야기를 많이 듣는다.

친구들과 잘 지내고 싶어요

하버드 대학교는 명실공히 세계 최고 명문대학교이다. 하버드 대학교가 세계 최고 명문대학교로 꼽히는 이유 중, 하나는 한 연구 대상을 몇십 년간 추적하며 진행한 연구(종단연구)를 잘 수행해서이다. 이러한 하버드 대학교에서 총 814명의 삶을 무려, 70여 년간 추적하며 연구한 결과가 있어서 하나 소개할까 한다.

이 연구를 진행한 하버드 대학교 연구팀은 궁금했다. "어떠한 사람들이 평생 행복하게 살까?" 이를 위해 하버드 대학교 연구팀은 1938년부터 814명에 이르는 성인 남녀를 대상으로 매년 인터뷰를 진행했다. 그리고 이들의 의료 기록을 받고, 뇌를 촬영하고, 이들이 자녀와 대화를 하며, 배우자와 고민을 나누는 모습을 촬영하는 등의 추적 연구를 무려 72년간 진행했다.

그 결과, 어떠한 사람들이 가장 행복한 삶을 살고 있었을까? 결과는 바로, 부와 명예를 가진 사람들이 아닌 사람들과 좋은 관계를 가진 사람들이 가장 행복한 삶을 살고 있었다.

이 연구를 진행했던 하버드 대학교 연구팀은 다음과 같은 3가지의 메시지를 전달했다.

첫 번째, 사회적 연결은 매우 유익하지만, 고독은 매우 해롭다.

연구 결과 사람들은 가족, 친구, 공동체와 긴밀하게 연결되어 있을수록 더 행복하고 건강하며 오래 살았다. 고립된 사람들은 덜 행복하고, 중년기엔 빠른 속도로 건강이 악화하며 뇌 기능도 일찍 저하되었다.

두 번째, 관계에서 친구의 숫자는 중요하지 않다.

우리는 친구의 숫자를 중요시하곤 한다. 나에게 친구가 많으면 많을수록 무언가 더 우쭐하게 되고, 친구가 적을수록 침울하게 된다. 그러나 하버드 연구팀의 연구결과는 그럴 필요가 없다고 전한다. 우리는 한 명의 친구만으로도 관계가 만족스럽다면 그것으로 충분한 존재이다.

세 번째, 좋은 관계는 우리의 몸뿐만 아니라 뇌도 보호한다.

애착 관계가 긴밀하게 형성된 80대는 그렇지 않은 이보다 훨씬 더 높은 기억력을 가지고 있었다. 또한 좋은 관계는 우리들이 성공한 삶을 살아가는데도 많은 영향을 미친다.

1973년부터 부유층의 사고방식과 생활 양식 등을 집중적으로 연구한 토머스 J. 스탠리는 그의 저서 《백만장자 마인드》에서 부자들에게 "당신이 이렇게 부자가 된 요인에는 어떠한 것들이 있습니까?"라고 질문을 한 결과, 많은 부자는 중요한 요인으로 좋은 대인관계를 뽑았다. 이처럼 좋은 대인관계를 유지하는 것은 우리들의 행복, 건강, 부에도 영향을 미친다는 것이다.

그런데 사실 좋은 대인관계를 유지하기란 말처럼 쉽지가 않다. 사람들에게 살면서 가장 어려운 것을 꼽으라고 해도 단연코 빠지지 않는 것이 대인관계이다. 올해 30대이고, 심리학 공부를 시작한 지 10년이 된 저자에게도 대인관계란 만만치 않은 주제이다. 그리고 직장인들을 대상으로 스트레스의 주요 원인을 꼽으라고 하면 직장상사와의 관계, 직장 내 인간관계가 언제나 상위 원인으로 뽑힌다. 그만큼 대인관계가 어른들에게도 쉽지 않은 주제라는 것이다.

청소년 시절 저자에게도 대인관계는 너무도 어려운 주제였다. 어떤 친구들은 보면 항상 친구들에게 둘러싸일 정도로 인기가 있지만, 나는 그 친구들 무리에 끼고 싶어서 이리 기웃, 저리 기웃거리기 바빴다. 이러한 친구 관계는 평상시 교실에서 수업을 들을 때에는 그렇게 많이 티가 나지 않았지만, 소풍이나 체험학습같이 야외활동을 하러 가면 티가 많이 났다. 나는 그 즐거운 소풍날 혼자 다니기 싫어서 부단히 애를 썼다.

그래도 정말 다행이었던 것은 나는 무엇인가를 해결하고 싶을 때 꼭 책을 찾았다는 것이다. 그리고 정말 운이 좋게도 좋은 책들이 많았다. 그중 나의 대인관계를 발전시킨 책은 데일 카네기의 《인간관계론》이다. 이외에도 이민규 교수님의 《끌리는 사람은 1%가 다르다》, 웨인 다이어의 《행복한 이기주의자》 등의 책들을 읽으면서 책에서 시키는 것을 실천에 옮기곤 했고, 이는 나의 대인관계를 더 좋게 만들었다.

이러한 책들이 이야기하는 대인관계를 향상시키는 방법에는 공통되는 내용이 많았다. 공통으로 많이 나오는 내용을 살펴보면 다음과 같다.

첫 번째는 나 자신을 스스로 좋아해야 한다는 것이다.

내가 나를 싫어하고, 마음에 들어 하지 않는데, 그 누가 나를 좋아하겠는가? 그래서 책들에서는 나를 좋아하는 것도 연습하라고 한다. 거울 속 스스로에게 사랑한다고 말하기, 나에게 선물하기, 그리고 나 자신이 만족할 정도로 자기 계발하기 등의 방법으로 내가 나를 좋아하도록 해야 사람들이 나를 좋아하게 된다는 것이다. 저자는 지금도 거울을 보면서 나에게 사랑한다는 말을 한다.

두 번째는 성경에서 말하는 황금률이다.

"남에게 대접받고 싶은 대로, 그들을 대접하라"는 것이다. 어릴 적 나는 친구들이 나에게 다가와 주기를 바랐다. 친구들이 먼저 나에게 와서 말을 걸어주고, 친구를 하자고 해주길 원했다. 그런데, 이러한 책들을 읽어서였을까? 어느 순간부터 '친구 중에도 나처럼 먼저 다가와 주기를 바라는 친구들이 있을 거야, 내가 그 친구들에게 다가가자'라고 생각하고 친구들에게 다가갔다. 이렇게 되니까 자연스럽게 친구도 많아졌고, 간혹 어떠한 친구와 사이가 어색해질 때면 다른 친구와도 편하게 지낼 수 있게도 되었다.

이 만큼 관계에 대한 주도권이 나에게 생긴 것이다. 또한 친구 관계에서 '황금률'을 적용하기 시작하니까 친구들이 나를 이해해주고, 인정해주기 바라는 만큼 나도 친구들을 이해하고 인정하고, 존중해주기 시작했고 이러한 행동이 친구들과의 관계를 많이 발전시켜주었다. 사람들은 누구나 받기를 원하고 받는 것을 좋아한다.

세 번째로는 혼자 있을 수 있을 때, 함께 있을 수 있다는 것이다.

초등학교 시절 전학을 자주 다녔던 나는 전학을 하러 가서 친구들과 친해지는 것이 하나의 과제였다. 그래서 친구들과 어울리고 싶은 마음에 괜히 오버도 하고, 이미 무리가 형성되어 있는데 그 무리에 억지로 끼고자 노력하기도 했었는데, 오히려 이러한 행동은 역효과를 낳았다. 혼자 있을 때 책을 읽으면서 시간을 보낸다든가, 못했던 공부를 한다든가, 충분히 휴식을 취함으로써 편안한 마음 상태로 있을 때, 친구들은 나에게 다가와서 함께 놀자고 했다.

이외에도 '칭찬과 감사의 말을 자주 사용해라', '유머를 활용해라', '잘못했으면 솔직히 인정하라' 등의 다양한 방법들이 우리의 대인관계 능력을 향상시켜준다. 시중에 많은 대인관계 서적에 많은 방법이 있으니, 친구 관계를 향상시키고 싶다면, 이러한 책들을 읽는 것을 추천한다.

그리고 저자가 사람들과 나름 좋은 관계를 유지하며 살아올 수 있었던 큰 요인으로는 상담 심리학을 공부했다는 것이었다. 상담 심리학은 상담을 통해 심리적인 어려움을 겪고 있는 사람들에게 도움을 주는 학문인 만큼 사람들과의 관계에 대해서 배울 점이 참 많은 학문이다.

첫 번째로, 경청이다.

상담자들은 내담자들에게 도움을 주기 위해 일단 내담자들의 이야기를 잘 경청해야 하기 때문에, 경청 훈련에 꽤 많은 시간을 투자한다. '이 이야기에서 상대방이 전달하고자 하는 주제는 무엇일까?' 하는 호기심의 마음과 상대방이 이야기하는 것을 어느 하나라도 놓치지 않으리라는 자세로 경청하는 연습을 한다.

두 번째로, 공감이다.

공감은 사람들 간의 관계를 윤택하게 해주는 아주 좋은 방법임에도 불구하고, 일상생활에서 사람들이 이야기하는 것을 들어보면 공감이 빠진 이야기들이 많다.

A - "나 약속장소에 오다가 사고가 날 뻔했어."

B - "나도 그런 일 있었어. 지난주에 있잖아 ……."

이 간단한 대화를 언뜻 보면 별문제가 없어 보이지만, B는 A의 이야기를 공감하지 않고, 자신의 이야기를 하는 것을 볼 수 있다. 이러한 대화가 지속하면 A는 뭔가 모르게 기분이 안 좋은데, 그 이유가 뭔지도 모르고 "B만 만나면 별로 기분이 안 좋아"라고 생각할 수 있다.

> A – "나 약속장소에 오다가 사고가 날 뻔했어."
> B – "!!괜찮아? 많이 놀랐겠다. 어디 다친 곳은 없고?"
> A – "응, 괜찮아. 큰 사고 면했지 뭐야."
> B – "그러게, 나도 그런 일 있었어. 지난주에 있잖아 ……."

공감이 잘 된 대화를 보면, 일단 상대방의 감정을 반영한다는 것을 알 수 있다. 그래서 상담자들은 이러한 공감을 잘하기 위해 꽤 많은 훈련을 한다. 내담자들과 상담을 하다가 이러한 공감을 잘 못해서 내담자들에게 도움을 주지 못하면 안 되기 때문이다.

이 외에도 반영, 수용 등 상담에서도 중요하게 사용되지만, 일상 대인관계 상황에서도 사용하면 좋을 방법들을 상담 심리학을 공부하면 배울 수 있다.

어떤 청소년들은 이렇게 이야기할지 모르겠다.

"아…… 모르겠어요… 전 그냥 혼자 살래요……."

혹시나 대인관계로 인해 상처를 받아서 이러한 말을 하는 청소년들에게는 위로의 말을 전하고 싶다. 그러나 안타깝게도 우리들의 삶은 대인관계를 하지 않고는 살아갈 수 없다. 우리는 어머니 뱃속에서부터 관계를 맺고 태어난다. 그리고 태어나서는 가족들, 학교에 들어가서는 친구 및 선생님들, 직장에 들어가서는 직장 상사 및 동료들, 또 결혼해서는 새로운 가족들과 우리는 관계를 맺고 살아간다. 하다 못해 물건을 하나 사려고 해도 잠시라도 가게 사장님과 관계를 맺는다.

이러한 말을 다시 거꾸로 생각하면, 대인관계만 잘하면 앞으로의 삶이 매우 수월해진다는 것을 의미한다. 대인관계를 잘하면 행복, 건강, 부까지 얻을 수 있다는 것을 이미 앞에 설명했다. 삶을 살아가는 데 딱 한 가지만 배워야 한다면, 나는 대인관계를 꼽겠다. 대인관계 능력을 잘 키워서 더 행복한 삶을 살아가는 여러분들이 되길 바란다.

선생님, 저는 공부 머리가 아닌가 봐요

"선생님, 저는 공부 체질이 아닌 것 같아요."

"아무리 공부를 하려고 노력해 봐도 잘 안 돼요."

청소년들이 상담센터에 와서 자주 호소하는 문제이다. 사실 저자도 그러했다. 고등학생 시절 책상 앞에는 육군사관학교 포스터를 붙여놓고, 교복에는 고려대학교 배지를 달았다. 쉬는 시간에도 시간이 아깝다면서 공부를 했지만, 성적은 잘 나오지 않았다. 그런데 친구들 중에는 왠지 나보다 공부를 열심히 하지 않는 것 같은데, 항상 나보다 성적이 잘 나오는 친구들이 많았다. 이러한 친구들을 보면서 "난 공부 머리가 아닌가 봐……" 하며 좌절하곤 했었다.

이런 생각이 들기도 했었다. '저 친구는 나보다 머리가 좋거나 IQ가 좋아서 그럴 거야, 그러니까 어쩔 수 없어.' 물론 어느 정도는 IQ가 높은 사람들이 공부를 잘한다고 이야기할 수 있겠다. 그 이유는

IQ 테스트 자체가 숫자를 불러주고 외우게 하는 '숫자 외우기', 단어를 보여주고 뜻을 말하게 하는 '어휘성 검사'와 같이 국어나 수학에서 요구하는 능력을 측정하기 위한 검사이기 때문이다.

그러나 그렇다고 해서 IQ가 높은 사람들이 다 공부를 잘한다고 판단하기에는 이르다. 가톨릭대학교 의과대학 재직 중인 김영훈 교수님도 본인의 저서 《아이의 공부 두뇌》에서 IQ가 학교성적에 미치는 영향은 15~25% 정도라고 했고, 전 교육부 장관이셨으면서 서울대학교 명예교수이신 문용린 교수님도 IQ와 석차와의 상관관계는 16~49%라고 했다. 이 말은 IQ가 높다고 해서 무조건 다 공부를 잘하는 것은 아니라는 이야기이다. 그래서 민성원 소장님이 쓰신 《아이의 공부지능》에서도 소개되었듯이 "우리 아이는 IQ가 130인데 왜 공부를 못할까요?"라고 고민하는 부모님들이 있는 것이다.

또한 체스 선수들을 대상으로 한 연구들도 이와 같은 결과를 말한다. 체스는 쉽지 않은 게임 중 하나다. 상대가 제시할 경우의 수와 내가 제시할 경우의 수를 다 계산하며 게임에 집중해야 하기 때문이다. 그래서 사람들은 IQ가 높은 사람이 IQ가 낮은 사람보다 체스를 더 잘 둘 것으로 생각하는 경향이 있다. 그러나 많은 연구결과는 그렇지 않다는 결과를 내놓는다.

플로리다 주립대학교 심리학과 교수이자 콘라디 석좌교수로 있는 안데르스 에릭슨Anders Ericsson이 펴낸 책 《1만 시간의 재발견》을 보면, 체스 우승자를 포함한 실력이 좋은 체스 선수가 비슷한 수준의 교육을 받은 일반 성인에 비해 전반적으로 높은 IQ를 가지고 있지 않고, 오히려 체스 선수들의 평균 IQ가 일반인의 평균 IQ보다 낮았다는 연구들도 소개돼 있다. 또한 소위 엘리트라고 불리는 체스 선수들만을 대상으로 IQ를 비교했는데, 오히려 IQ가 낮은 체스 선수들이 IQ가 높은 체스 선수들보다 더 실력이 좋기도 했다.

그렇다면 무엇이 체스 선수들 간의 실력 차이를 만들어냈을까? 바로, 연습량이었다. IQ가 낮은 체스 선수들이 IQ가 높은 체스 선수들보다 실력이 더 좋았던 이유는 IQ가 낮은 체스 선수들이 더 많은 연습을 했기 때문이었다.

그럼, IQ보다 연습이 중요하니까 무작정 연습만 하면 될까? 에릭슨 교수는 그렇지 않다고 말한다. 이에 대해서는 〈노력이 중요해요? 재능이 중요해요?〉에 자세히 설명해 놓았으니 참고하길 바란다.

"에이, 그럼 결국 열심히 노력해야 한다는 말이네요"라고 말하는 청소년들이 있을지 모르겠다. 사실 노력이 중요하긴 하다. 그래서 여러분들에게 위로가 되는 한 가지 이야기를 해줄까 한다. 그 이야기는 바로 공부는 어렵다는 사실이다. 이는 어떠한 사람에게는 공부가 쉽고 어떠한 사람들에게만 공부가 어려운 것이 아니라 모든 사람에게는 공부가 어렵다는 사실이다. 그럼 왜 이렇게 우리에게 공부는 어렵고, 또 왜 이렇게 하기가 쉽지 않은 것일까? 이에 대한 힌트를 우리는 우리들의 뇌에서 얻을 수가 있다.

우리들의 뇌는 자신들 몸무게의 겨우 2%에 불과하다. 저자의 몸무게가 80kg이니까 저자의 뇌는 1.6kg인 것이다. 그런데 이처럼 우리들의 몸무게 중, 극히 작은 부분을 차지하는 뇌가 소비하는 에너지는 우리들이 소비하는 전체 에너지 중 20%를 소비한다. 원래 비율대로라면 2% 미만을 사용하는 것이 맞을 텐데 말이다. 그러니까 우리들이 에너지 소비가 많은 운동을 하기 싫은 마음이 드는 것처럼, 우리들의 뇌도 에너지 소비가 많은 머리를 쓰거나 공부가 하기 싫게 만드는 것이다.

특히 우리들이 공부한 내용을 잘 기억하기 위해서는 공부한 정보를 '장기기억(금방 잊혀지는 단기기억보다 용량에 제한이 없고, 정보가 몇 분에서부터 평생 보존되는 기억)'화시켜야 하는데, 우리들이 공부한 내용을 '장기기억'에 저장하기 위해서는 많은 에너지를 소비해야만 한다. 그래서 뇌는 에너지를 아끼기 위해 1~2번 보거나 대충 외운 정보는 불필요한 정보로 금방 잊히도록 처리해 버리는 것이다.

그래서 여러분들 중에도 공부하려고 자리에 앉으면 엉덩이가 들썩거려서 금방 자리에서 일어나 딴짓을 하게 되는 경험을 한 사람이 있을 것이다. 저자도 그러했었다. 뇌는 에너지 소모를 줄이기 위해 공부하려고 하면 괜히 책상 정리가 하고 싶어지고, 아니면 갑자기 방 청소를 하고 싶다는 생각이 들게 한다. 갑자기 연예인 소식이 궁금해지도록 해서 공부하지 않도록 하는 것이다. 뇌는 우리를 돕도록 설계되었는데, 너무 근시안적인 방법으로 돕고 있는 것이다. 그래서 여러분들도 공부에 집중할 때 금방 배가 고파지는 것을 느낀 경험이 있을 것이다. 공부에 집중한 만큼 에너지가 소비되었다는 소리다.

우리는 우리의 뇌를 잘 토닥이며 공부를 해나갈 필요가 있다. 공부하는 중간마다 견과류와 같은 에너지를 보충할 만한 간식을 먹기도 하고, 우리의 뇌가 주로 수분으로 이루어져 있기 때문에 자주 물을 마시는 것도 하나의 방법이다. 또한 실제로 잠깐씩 휴식을 취하고 다시 공부 하는 것도 꽤 유용한 방법이다.

그리고 제일로 중요한 방법은 뇌를 설득하는 것이다. 지금 하는 공부가 왜 필요하고 자신에게 어떠한 도움을 주는지 뇌를 설득하는 것이다. 그런데 여기서 문제는 뇌가 여간해서는 잘 설득을 당하지 않는 아주 고집이 독한 놈이라는 것이다. 그 이유는 이러한 뇌의 독한 고집이 지금껏 우리가 잘살 수 있도록 도와주기도 한 본능이기 때문이다. 그래서 뇌를 설득하는 아주 효과적인 방법인 '상상'을 활용해야 한다. 왜냐하면 뇌는 '현실'과 '상상'을 구분하지 못하기 때문이다.

성적이 오른 내가 기뻐서 날뛰고, 부모님이 칭찬하고, 사람들의 부러움을 받는 장면을 상상하면, 뇌는 이러한 장면을 실제로 여기고 이러한 장면에 생체리듬을 맞추도록 한다. 만약 등수가 오른 모습이 그다지 나에게 기쁨을 주지 못한다면 더 미래를 상상해 보는 것이 좋다. 공부를 열심히 해서 내가 원하는 직업의 모습으로 행복하게 돈을 벌고 원하는 것을 마음껏 사는 장면을 상상하는 것이다. 이러한 방법을 통해 왜 공부를 해야 하는지 설득이 된 뇌는 자연스럽게 여러분들이 공부하도록 도울 것이다.

이지성 작가의 책 《꿈꾸는 다락방》에는 자신이 발명한 두뇌 혁신 프로그램으로 평범한 사람들의 학습능력을 향상시키는 것으로 유명한 일본의 후쿠이 가즈시게 박사의 연구사례가 나온다. 그는 전국 석차 상위 1%에 속하는 학생들, 수석 졸업생들, 수석 입사자들, 각종 승진 시험에서 선두를 달리는 사람들 1500명을 대상으로 인터뷰를 했는데, 그 결과 이 사람들은 공부나 시험과 관련한 이미지를 떠올리라고 했을 때, '가슴을 설레게 하는 시험 결과표', '부모님이나 아내의 환한 웃음', '상사의 신뢰하는 눈빛' 등을 떠올렸다고 한다.

즉, 이 사람들은 공부를 하거나 시험을 본 후의 자신들의 모습을 긍정적으로 상상한 것이다. 그 결과, 상상과 현실을 구분하지 못하는 뇌는 설득이 되었고 이 사람들은 공부를 즐기게 되는 것이었다.

후쿠이 가즈시게 박사는 이러한 연구결과를 바탕으로 학습능력 향상 프로그램을 만들었고, 많은 학생들의 학습능력을 향상시킬 수 있었다. 후쿠이 가즈시게 박사는 "공부와 시험에 대해 긍정적인 상상을 하라 그러면 학습능력이 기적적으로 향상된다는 것이다"라고 말했다.

그리고 더해서 여러분들에게 꼭 전해주고 싶은 이야기가 있다. 우리의 삶에서 공부는 너무도 필수적이라는 이야기이다. 여기서 말하는 공부는 우리들이 쉽게 생각하는 국어, 수학, 영어, 과학, 사회 등의 과목들을 공부하는 것만을 이야기하는 것이 아니다. 우리가 살아가는데 필요한 기초지식을 배우는 일, 사람들과의 대인관계를 향상시키기 위해 책을 보는 일, 여러분들이 좋아하는 게임을 잘 하기 위해 연구하는 일 등을 말한다. 여러분들이 자주 하는 '배틀그라운드'라는 게임만 봐도 어느 장소에서는 어떠한 자세로 총을 쏴야 하고, 같은 팀원과 어떤 식으로 소통을 해야 하는지 고민하고 연습을 많이 한 친구가 게임을 잘할 것이다.

우리들의 인생도 마찬가지이다. 우리들은 공부해야 잘 살아갈 수 있다. 나의 애인이 무엇을 좋아하는지, 어떠한 행동을 하는지 공부해야 연인과 싸우지 않고 행복한 연인관계를 유지할 수 있다. 친구들이 어떠한 행동을 좋아하고 싫어하는지 공부를 해야 좋은 친구 관계를 유지할 수 있다. 이처럼, 사실 우리 인생에서 공부하지 않아도 될 것은 없다. 어쩔 수 없다. 싫을 수 있겠지만 우리가 살아가는데 공부는 필수적이다.

그래서 여러분들에게 꼭 해주고 싶은 말은 공부에 대한 마음을 열고, 공부는 나의 삶을 발전시키고 내가 잘살아갈 수 있도록 돕는 아주 좋은 친구라는 생각을 가졌으면 좋겠다. 수학, 영어는 죽어도 난 못하겠다는 친구가 있을지 모르겠다. 좋다. 그러나 앞으로 여러분들이 이루고자 하는 분야와 관련한 공부는 손을 놓지 않았으면 좋겠다.

진로를 어떻게 정해야 할지 모르겠어요, 선생님

"앞으로 무엇을 하면서 살아야 할지 잘 모르겠어요."

"저는 꿈이 없어요."

많은 청소년이 호소하는 문제이다. 그래도 이렇게 자신의 진로에 대해서 고민을 하고 걱정을 하는 청소년들은 다행인 편이다. 더 우려가 되는 청소년들은 이러한 주제에 대해 고민도 하지 않는 청소년들이다.

"몰라요. 어떻게 되겠죠."

"생각해 본 적 없어요."

많은 청소년이 이러한 상태이다. 그런데, 청소년들에게 작은 위로가 될지는 모르겠지만, 사실 직장을 다니고 있는 어른들도 앞으로 어떻게 살아야 할지, 현재 다니고 있는 직장을 계속 다녀야 할지에 대한 진로 고민을 한다.

'진로進路'란 직업과는 다른 의미로 한 개인의 전 생애를 걸쳐 완성되는 과정이기 때문이다. 이렇듯 사실 진로에 대한 고민은 평생을 두고 해야 하는 고민인 것이다.

진로 결정이 이렇게 어른들도 어려워하는 주제이니 청소년들에게 어려운 것은 당연한 이야기이다. 그래도 진로를 정하는 것이 어렵다고 해서 진로에 대한 고민이 가장 필요한 청소년기 시절에 이 고민을 하지 않을 수는 없다. 만사가 그렇듯이 꼭 해결해야 할 사항을 어렵다고 피하면 피할수록 문제는 더 커지기 마련이다. 따라서 청소년 시절에 어느 정도라도 진로 결정이 이루어질 수 있도록 해야 한다.

진로 결정이 어려운 이유는 진로 결정이 내가 좋아하는 음식을 고르듯이 단기간에 결정되는 것이 아니기 때문이다. 그리고 한 번의 결정이 우리의 인생을 좌지우지시킬 수 있는 큰 영향력을 발휘하기 때문이다. 더해서 우리가 어떠한 것을 선택할 때에는 미리 가서 눈으로도 보고, 느껴보는 '직접 경험'의 시간이 필요한데, 진로 결정의 경우에는 이렇게 직접경험을 하기가 어렵다.

예를 들어서 사고 싶은 가방을 선택할 때에는 가방 매장에 가서 직접 가방을 매보고 고르면 되지만, 상담사로서의 삶이라는 진로를 선택한다고 했을 때 직접 상담사로 사는 자신의 삶을 경험하기란 쉽지 않기 때문이다. 그러나 좌절할 필요는 없다. 경험의 종류 중에 아주 경제적이고 탁월한 경험 방법인 간접경험이 남아있기 때문이다.

경험에는 본인 스스로가 직접 보고 들으면서 느낄 수 있는 직접경험과 본인 스스로가 경험한 것이 아닌 타인의 이야기를 듣거나 다른 요소들을 통해 간접적으로 경험하는 간접경험이 있다. 물론 직접경험이 더 생생하게 느끼고 배울 수 있다는 장점이 있지만 그만큼 시간이 많이 소요되고, 비용이 많이 소요되는 단점이 있다. 따라서 우리는 어떠한 것을 선택하고 결정할 때 요즘 말로 가성비(가격 대비 성능)가 좋은 간접 경험의 방법을 많이 활용할 필요가 있다.

우리는 몇십 년의 인고의 시간을 걸쳐서 성공을 이루어낸 사람의 이야기를 단 한권의 책을 읽음으로써 경험할 수 있다. 그리고 인터넷으로 몇 글자 검색하기만 하면 수많은 사람의 경험들을 집에서 경험할 수 있다. 저자는 특히, 책과 유튜브를 많이 활용하는데, 여러분들도 유튜브와 같은 영상 채널에서는 더 실감 나게 해당 진로에 대해서 경험을 할 수가 있다. 심리상담사가 어떠한 일을 하는지 궁금하면 그냥 유튜브에 검색하기만 하면 여러 정보가 나온다. 저자도 심리상담사를 꿈꾸던 청소년 시절 인터넷 검색을 통해서 심리학 다큐멘터리를 찾아보고, 심리학 서적을 읽어보는 방법을 통해서 심리상담사로서의 삶에 대해 경험을 할 수 있었다.

그리고 우리는 아르바이트라는 방법을 통해서 돈을 벌면서 그 일에 대해서 직접경험을 할 기회를 얻을 수도 있다. 물론 보통 청소년들이나 대학생들이 할 수 있는 아르바이트 자리는 서빙과 같이 많은 경험이 필요하지 않은 곳이지만, 사업을 꿈꾸는 사람이라면 이러한 아르바이트 경험을 통해서 사업에 대해서 미리 구상해볼 수 있다. 또

한 이러한 경험을 통해서 이 진로가 나와 맞는지 안 맞는지를 확인할 수도 있다.

저자의 경우는 현재 심리상담사로서 일을 하고는 있지만, 대학생 시절 약 4년간 수업이 없는 날마다 했던 건설 현장의 일용직(일명, 노가다) 경험을 통해서 '건축업을 하면 이렇게 수익을 낼 수 있구나'라는 생각을 가질 수 있었고, 대리운전의 경험을 통해서는 다양한 분야의 사람들과 이야기를 나누는 시간을 가짐으로써 다양한 직업에 대해 간접경험도 할 수 있었다.

또한 이러한 경험을 통해서 "내가 꿈꾸고 준비하는 목표를 달성하지 못하면 그냥 '노가다'라도 하면서 먹고 살면 되지 뭐!"라는 배짱도 얻음으로써 내가 이루고자 하는 목표에 도전할 때 실패를 두려워하지 않고 잘 도전할 수 있게 되었다.

물론, 현재 학업에 열중해야 하는 청소년들에게 아르바이트와 같은 직접경험은 무리일 것이다. 그래도 굳이 여기서 이 이야기를 하는 이유는 여러분들이 성인이 되거나 대학생이 되었을 때 이 이야기를 참고했으면 하는 바람에 이야기한다. 하여튼 무엇인가 이루고자 하는 목표에 대한 직접경험이나 간접경험을 하는 것은 그 목표를 이루는데 필수적인 과정이라고 할 수 있다.

더해서 처음에 내가 선택한 하나의 진로를 평생 해야 한다는 고정관념 때문에, 어떠한 진로를 선택하는 것을 두려워해서는 안 된다. 물론 우리가 처음에 어떠한 진로를 선택하느냐에 따라 우리 인생의 방향이 많이 달라질 수는 있다. 그러나 그렇다고 해서 어떠한 진로를 선택하지 못한 채 계속해서 멍하니 있는 것은 너무도 시간을 낭비하는 행동이다. 일생을 살다 보면 우리는 다양한 진로를 경험하기 마련이다.

백화점 판매원, 화장품 세일즈 우먼, 화가 등 세계 23개국을 다니면서 30개가 넘는 직업을 거친 끝에 현재는 작가와 사업가로 활동하고 계신 김새해 작가, 호텔 주방 보조원, 세일즈맨 등 다양한 직업 끝에 현재는 세계적인 동기부여 강연가로서 활동하고 있는 브라이언 트레이시, 대학교수, 건축업자, 프로그래머, 전미 의료전산화를 이끈 CEO의 직업을 거쳐서 현재는 명상가로 활동하고 있는 마이클 싱어 등 이렇게 여러 직업을 거치고 거치면서 자신의 진로를 결정한 사람은 무수히 많다.

그러나 요즘 너도나도 연예인이 되고 싶다고, 연예인 지망생을 꿈꾸는 청소년들을 보면 염려스럽다. 자신의 현재 실력이나, 적성이나 전망 등을 고려하지 않은 채로 멋있어 보여서 무작정 연예인이 되고 싶다고 말하는 것 같아서이다. 실제로 연예인 분야에 어느 정도 실력도 되고, 적성에도 맞는 청소년들의 경우에는 그 꿈을 응원하고 그 꿈을 잘 성취할 수 있도록 지도하는 상담을 하기도 하지만, 무작정 연예인이 되고 싶다는 청소년들을 상담할 때 저자는 일단, 정기적으로 수입을 얻을 수 있는 직업을 갖고 나서 퇴근 후, 취미로 보컬 활동이나 댄스 활동을 할 것을 권한다. 그렇지 않고 수입도 없는 채로 무작정 연예인 지망생을 준비하기엔 너무 위험부담이 크기 때문이다.

치과의사 가수 닥터 황같이 실제로 본 직장을 가지고 자신이 하고 싶었던 활동으로 투잡, 쓰리잡을 하는 사람들도 많다. 100세 시대인 여러분들이 하고 싶은 직업을 선택할 기회는 많다.

저자도 현재 심리상담사로 일을 하고 있으면서, 이렇게 이 책을 출판함으로써 작가로서도 일을 하는 것처럼 말이다.

《내 안으로 떠나는 행복 여행》,《마음거울》의 저자이자 나의 스승님이시기도 하신 대화 스님께서는 직업을 고를 때 세 가지의 기준을 제시하셨다.

첫 번째로, 그 직업이 전망이 있는지 보아야 한다.

아무리 요즘 주목을 받는 직업이라고 해도, 몇십 년 뒤에는 없어질 직업이라면 고민이 필요하다.

두 번째로는 만족스러울 만큼 수입을 주는지 확인해야 한다.

무작정 돈만 좇는 것도 위험한 생각이지만, 수입을 고려하지 않은 채로 직업에 뛰어드는 일도 위험한 일이다.

세 번째로는 그 직업이 자신에게 보람을 주는지 여부이다.

아무리 전망이 있고, 많은 수입을 가져다주지만, 그 일이 자신에

게 보람을 주지 않는다면 일하는 내내 행복하지 않은 채로 살아가
야 한다.

한 일생의 진로를 결정하는 것은 쉬운 일이 아니다. 많은 고민이
필요하고, 많은 정보력도 필요하고, 많은 노력도 필요하다. 그리고 여
러분들이 이렇게 지금 이 책을 읽고 있는 것처럼, 이러한 노력을 지

[그림 6]

상담전문가

요약하기	하는일	교육/자격/훈련	임금/직업만족도/전망	능력/지식/환경	성격/흥미/가치관	업무활동

하는일	성격, 적성, 지능, 진로 및 신체적·정서적 증상 등으로 일상생활에서 어려움을 겪거나 갈등에 놓인 사람이 자신의 문제를 해결할 수 있도록 돕는다.		
교육/자격/훈련	**관련학과**	**관련자격**	**훈련정보**
	가정관리학과 교육학과 노인복지학과 사회복지학과 심리학과	전문상담교사 2급(국가전문) 청소년상담사 1, 2, 3급(국가전문)	상담 전문가
임금/직업만족도/전망	**임금**	**직업만족도**	**전망**
	하위(25%) 2,443만원 **중위값 3,029만원** 상위(25%) 3,465만원	71.1%	감소 (0%) 현상유지 (52%) 증가 (47%)
능력/지식/환경	**업무수행능력**	**지식**	**환경**
	사람 파악(92) 학습전략(92) 말하기(89) 가르치기(89) 듣고 이해하기(87)	철학과 신학(100) 사회와 인류(100) 상담(100) 심리(99) 교육 및 훈련(99)	업무미래 (98) 의사결정 권한(96) 정신적 부담(95) 다른 사람과의 접촉(94) 앉아서 근무(91)

속한다면 여러분들은 분명 좋은 진로를 잘 선택할 수 있을 것이다.

그리고 관련해서 좋은 사이트를 하나 소개할까 한다. 고용노동부에서 운영하는 '워크넷www.work.go.kr'이다. 이 사이트를 이용하면, 구인/구직 정보뿐만 아니라 다양한 직업정보를 얻을 수 있고 무료로 적성검사 등을 받을 수 있다. 그래서 저자는 청소년들을 상대로 진로 상담을 할 때 '워크넷' 사이트를 자주 사용하는데, 옆 〔그림 6〕과 같이 궁금한 직업의 평균연봉, 관련학과 등의 정보를 알아볼 수 있다.

선생님, 저 학교 그만둘래요

많은 청소년들이 학교를 다니기 힘들어하고, 또 학교를 그만두고 있다.

저자가 전주시청소년상담복지센터에서 2년 8개월간 근무하면서 만난 학교 밖 청소년(정규학교에 다니지 않는 청소년)의 숫자만도 200여 명이 넘었다. 그리고 이들은 공부와 맞지 않아서, 어려운 경제 사정으로 인해, 친구들과의 갈등으로 인해, 퇴학을 당해서 등의 다양한 이유로 학교를 그만두었다.

난 이들의 학업, 진로, 대인관계 등의 개인 상담을 해왔다. 내가 만난 청소년들은 이미 학교를 그만둔 상태로 센터를 방문한 청소년이 대부분이었다. 그러나 학교를 그만두기 전 어떠한 결정을 내려야 할지 고민을 하는 청소년도 꽤 많았다.

이렇게 자퇴를 할지 고민하는 청소년을 상담하기 전에는 평상시보다 더욱 상담 준비를 철저히 하고, 긴장을 하게 된다. 왜냐하면 나와의 상담으로 이 청소년이 자퇴할지, 계속 학교에 다닐지 결정을 하게 되고, 이는 이 청소년의 인생에서 아주 중요한 결정이기 때문이다. 물론, 이렇게 중대한 선택과 관련된 상담이기 때문에 그만큼의 보람도 있지만 말이다.

이렇게 자퇴를 하고 싶어 하는 청소년들은 나에게 묻는다. "선생님 제가 자퇴를 하는 것이 좋을까요? 아니면 그냥 학교에 계속 다니는 것이 좋을까요?"라고 말이다. 그러면 나는 "어떤 이유로 자퇴를 하고 싶은지 이야기해 줄 수 있니?"라고 되묻는다. 이 질문을 하는 이유는 이 청소년이 자퇴하고 싶어 하는 이유에 따라서 상담 접근방법이 달라져야 하기 때문이다.

만약 대인관계(선생님과의 관계, 친구들과의 관계 등)가 힘들어서 자퇴하고 싶다는 경우에는 이 청소년의 상담 초점은 자퇴가 아닌 대인관계가 되어야 한다. 왜냐하면 이 청소년이 자퇴한다고 해서 대인관계 문제가 해결되는 것이 아니기 때문이다. 이 청소년이 대학교에 진학할 생각이 있으면 대학 생활을 하면서도 사람들과 관계를 해야 할 것이고, 회사생활을 하면서도 사람들과 관계를 해야 할 것이니 말이다.

그러나 학교에서 학교폭력 및 왕따의 경험을 했고, 이로 인해 학교에만 있으면 온종일 스트레스에 휩싸이는 청소년에게는 학교에 다니면서 대인관계 주제를 상담하기보다, 오히려 자퇴한 후에 대인관계 주제와 관련해서 상담한 후에 이후 진로를 고민해보는 것이 좋을 수 있다.

어떤 청소년들은 "학교랑 저랑 안 맞아요"라고 말하는 청소년이 있을지 모르겠다. 이러한 청소년의 경우에는 학교의 어떤 부분이 자신과 맞지 않는지 생각해 볼 필요가 있다. 아침 일찍 등교해야 하는 학교 시스템이 자신과 맞지 않은 것인지, 계속해서 공부만 해야 하는 시스템이 자신과 맞지 않은 것인지, 위에 말했듯이 학교 선생님이나 친구들과 잘 맞지 않는 것인지 말이다.

그래서 지금 학교를 계속 다니는 것이 좋을지 자퇴를 하는 것이 좋을지 고민을 하는 청소년들에게는 [그림 7]의 왼쪽과 같이 자신이 어떠한 이유로 학교를 그만두고 싶어 하는지 종이에 적어보기를 권하고 싶다. 그리고 이유를 적더라도 구체적으로 적기 바란다.

그리고 [그림 7] 오른쪽과 같이 자신의 선택에 따른 장, 단점을 분석하는 것이 좋다. 이 방법은 이렇게 학교재학 여부를 결정할 때 이외에 일상생활에서도 아주 유용한 방법이니 많이들 활용하기 바란다.

이렇게 2가지 활동을 한 이후에, 만약 자신이 학교를 계속 다니는 것을 선택했다면 [그림 8]의 왼쪽같이 학교를 잘 다니기 위한 구체적인 방법을 적기 바란다. 그리고 거의 학교에 있는 시간이 대부분일지 모르지만 그래도 시간표를 함께 작성하기 바란다.

만약 학교를 자퇴하는 것을 선택했다면 마찬가지로 [그림 8] 오른쪽과 같이 자퇴 이후에 할 것을 적기 바란다. 그리고 그에 따른 시

〈내가 학교를 그만두고 싶어 하는 이유〉 1. 학교를 계속 다녀봐야 나에게 이득이 되는 것이 없을 것 같음 • 학교가 나랑 맞지 않음 그래서 계속해서 학교에 있는 것이 너무 스트레스임. • 학교 선생님들이랑 친구들이랑 잘 맞지 않음.	

학교를 계속 다님	
장점	단점
졸업장이 나온다	스트레스를 받는다

학교를 자퇴함	
장점	단점
내가 하고 싶은 것들을 할 수 있다.	친구들이랑 함께 할 수 없다.

간표도 말이다.

"학교에서 지금껏 바쁘게 살았는데, 이런 시간표를 작성해야 해요?"라고 묻는 청소년이 있을지 모르겠다. 그렇다면 실컷 노는 것이라도 좋으니 노는 것도 계획해서 놀기를 권한다. 그리고 자퇴를 한후, 정말 아무것도 안 하는 자유로움을 맞보고 싶다는 것도 공감한다. 그러나 단, 이러한 경우에도 언제까지 아무것도 안 하고 지낼지

〈나의 선택에 따른 내가 준비해야 할 것들〉학교를 계속 다닐 경우 1. 아침에 일찍 일어나기 위해서 저녁에 일찍 잔다.	〈나의 선택에 따른 내가 준비해야 할 것들〉자퇴를 할 경우 1. 검정고시를 평균 90점 이상으로 합격한다. 2.평상시 관심이 있었던 자격증 공부를 한다.

기간을 정할 필요는 있다. 마냥 놀 수만은 없지 않은가? 여러분들은 곧 어른이 될 것이고, 독립해야 한다.

"하……뭐 이런 것까지 작성해가면서 자퇴를 해야 해요?"라고 묻는 청소년이 있을지 모르겠다. 이러한 마음가짐을 가지고 있는 청소년에게는 난 자퇴를 하지 말라고 권하고 싶다. 난 이렇게 말하는 청소년들이 자퇴한 이후, 정말 아무것도 안 하고 몇 년이라는 시간을 허비하는 청소년들을 많이 보았다. 차라리 학교에 가서 공부하지 않고, 친구들과 놀고 잠만 자더라도 학교에 다니기를 권한다. 이렇게 해서라도 졸업장이라도 취득하는 것이 낫다.

만약 위와 같이 아무리 분석을 해보아도 자퇴를 하는 것이 본인의 인생에 더 도움이 될 것으로 판단한 청소년들에게는 난 일단, 학교에 신청하는 '학업중단 숙려제 상담(자퇴하기 전 약 2주에서 1개월간 학교에 가지 않고 상담을 받으면서 출석 기간으로 인정되는 상담)'을 권한다. 이 기간에 실제로 학교에 가지 않으면서 내가 자퇴한 이후에 생활이 어떠할지 미리 경험할 수 있기 때문이다.

이렇게 자퇴에 대한 분석과 '학업중단 숙려제 상담' 이후에도 최종적으로 자퇴로 결정을 해야겠다는 마음을 먹은 청소년들에게 나는 두말없이 자퇴를 권한다. 나는 실제로 자퇴를 하는 것이 자신의 인생에 더 도움이 될 것으로 판단하고 자퇴를 한 청소년 중, 자신의 진로를 오히려 더 잘 찾아가는 청소년도 많이 봤다. 자퇴 이후, 검정고시와 수능준비를 해서 서울권 대학교에 진학한 청소년도 있고, 자신이 원하는 활동을 하면서 장관상까지 받은 청소년도 있다. 그리고 어떤 청소년은 학교에 갈 시간에 관심 분야 학원에 다니면서 10개 이상의 자격증을 취득한 청소년도 있다. 학원비도 아래에 설명할 국가지원을 다 받기까지 하는데 말이다.

2015년 5월부터 시행된 '학교 밖 청소년 지원에 관한 법률'에 근거해서 전국 202개의 각 지역에 학교 밖 청소년들을 지원하는 기관인 '청소년지원센터 꿈드림'이 생겼다. 이 기관은 여성가족부에서 운영하는 센터로 크게는 3가지 경로로 학교 밖 청소년들에게 도움을 준다.

첫 번째는 학업 복귀로 학교 밖 청소년들이 다시 학교에 가고 싶거나 검정고시를 취득하고 싶을 때, 학교 밖 청소년들에게 검정고시를 가르쳐 주거나 학원비를 지원(기준중위 소득 72% 이하인 경우)하는 등의 서비스를 제공한다.

두 번째는 사회진입으로 학교 밖 청소년들이 자격증을 취득하고 싶거나 취업을 하고 싶을 때, 학교 밖 청소년들에게 자격증 학원비를 지원(기준중위 소득 72% 이하인 경우)하거나 '고용노동부'와 협력해서 자격증 학원비도 지원받고, 학원에 출석만 80% 이상 해도 용돈 식으로 참여 수당을(약, 35만 원 정도) 받는 프로그램도 연계 받을 수 있다.

세 번째로는 자기계발로 공부도 좋고 취업도 좋지만, 자신만의 능력을 개발하고 싶을 때, 수영이나 킥복싱과 같은 운동, 댄스 활동 등의 교육을 받을 수 있도록 해준다. 그리고 가장 중요한 '개인 상담 및 심리검사' 지원도 다 무료로 받을 수 있다. 그러니 자퇴를 하더라도 미리 계획을 하고 자퇴하라는 말이다.

여러분들 시기의 1시간은 어른들의 1시간보다 몇 배의 가치를 지니고 있다. 여러분들의 소중한 시간에 어떠한 선택을 하느냐에 따라서 앞으로 인생의 방향이 180도까지 달라지기 때문이다. 자퇴를 고민하고 있거나 자퇴를 한 청소년의 경우 지금 당장 국번 없이 '1388'

로 전화를 걸거나 인터넷에 '꿈드림'을 검색해서 상담을 포함한 위와 같은 지원을 받기를 바란다.

2장

선생님이 꼭 해주고 싶은
심리학 이야기

[행복 편]

뇌 속의 경보기, 편도체

여러분들은 저자가 1장 〈선생님 저 죽고 싶어요〉에서 이야기한 '마음속 그릇' 이야기를 기억할 것이다. 위로받지 못한 우리의 감정은 태아 때부터 쌓인다는 이야기 말이다. 이 마음속 그릇은 [그림 9]에서 가리키고 있는 편도체를 쉽게 표현한 것이다.

편도체는 동기, 학습, 감정과 관련된 정보를 처리하는 중요한 기관이다. 이러한 편도체는 우리 인간들뿐만 아니라 동물들에게도 있다.

만약, 이 편도체가 제거된다면 어떻게 될까? 잔인하지만, 쥐의 편도체를 제거하는 실험이 있었다. 그 결과 편도체를 제거당한 쥐는 두려움을 느끼지 못하게 되었고, [그림 10]과 같이 고양이 앞에서도 도망가지 않고, 가만히 있는 행동을 보였다.

이후 쥐는 어떻게 되었을까? 당연히 고양이에게 잡아먹혔다. 만약 편도체가 온전히 있는 쥐였다면, 고양이 앞에서 쥐의 편도체가 불안이나 두려움을 느끼도록 해서 쥐가 그 자리에서 도망가도록 했을

[그림 9]

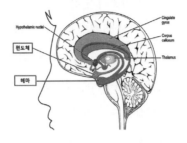

출처 :
Anatomy & Physiology, Connexions Web site. http://cnx.org/content/col11496/1.6/,
Jun 19, 2013.

텐데 말이다.

그러니까 이처럼 편도체는 우리들이 위험 상황을 피할 수 있도록
경보기 역할을 해준다. 이러한 편도체의 역할은 우리들의 생존에 꼭
필요하다. 현대사회에서는 그럴 일이 거의 없겠지만, 우리가 만약 산
속에서 곰을 만났을 때, 편도체가 작동하지 않는다면 우리는 곰을 무

서워하지 않게 되고 곰에게 잡아먹힐 것이다. 그리고 숙제나 과제를 수행해야 할 때 편도체가 작동하지 않는다면, 우리는 불안감을 느끼지 않게 되고, 우리는 이러한 과제를 수행하지 않게 된다.

반대로 이러한 편도체가 쉬지 않고 작동을 해서 경보 신호를 보낸다면 우리들의 일상생활은 어떻게 될까? 우리는 일상생활을 잘 수행하지 못하게 된다. 여러분들도 집안에 어떠한 걱정이 있거나 친구와 싸운 이후에는 공부나 자신이 집중해서 해야 할 일에 잘 집중이 안 되는 경험을 해보았을 것이다.

그리고 우리의 '편도체'는 우리가 당면한 현재 상황에 맞춰서도 경보기 역할을 하지만, 우리가 과거에 경험하였던 기억에도 영향을 받으며 경보기 역할을 한다. 그래서 '자라보고 놀란 가슴 솥뚜껑 보고 놀란다'는 속담이 있는 것이다.

비슷하게 과거에 물에 빠져 위험했던 기억이 있는 사람들은 물에는 절대 가려고 하지 않고, 과거에 어떠한 남성에게 폭행을 당한 경험이 있는 여성은 남자 옆에만 가면 두려움을 느끼고 도망가려고 한다. 그래서 1장 〈선생님 저 죽고 싶어요〉〔그림 3 - ④〕와 같이 마음속 그릇에 많은 상처가 쌓여있으면 계속해서 편도체 경보기가 켜져 있는 상태가 된다.

여러분들 중에 자신이 왜 불안한지 모르고 계속 불안감을 경험한 적이 있다면, 이러한 경우이다. 그리고 너무 작동을 많이 한 편도체' 경보기가 과부하가 걸리게 되면 작동을 멈추기도 한다. 좋은 경치를 봐도 그다지 감흥이 없는 상태를 경험했다면, 이러한 상태라고 보면 된다. 이러한 상태에서는 우리가 목표를 설정하고, 미래의 모습을 상상하고, 어떠한 공부에 집중하기가 너무 어려워지는 것이다.

따라서 우리는 이 편도체 경보기가 제대로 작동을 할 수 있도록 관리를 할 필요가 있다. 그렇다면 우리가 우리들의 편도체를 안정시키는 방법에는 어떤 것들이 있을까? 혹시, 1장 〈선생님 저 죽고 싶어요〉에서 설명한 느낌노트가 떠오른 사람이 있는가? 이걸 기억하는 분은 아주 책의 내용을 잘 이해한 사람이다. 그렇다. 우리는 우리 뇌에게 우리가 어떠한 것을 걱정하고 있는지 눈으로 보여주어야 한다.

그래서 이번 절에서는 1장 〈선생님 저 죽고 싶어요〉에서 추천했던 느낌노트와 비슷하게 여러분들을 걱정스럽게 하고 불안하게 하는 것들을 종이에 적는 것을 추천하려고 한다.

일본 메이지 대학교 문학부 교수 사이토 다카시도 자신의 책《메모의 재발견》에서 "메모를 하는 것은 일과 공부뿐 아니라 현대인의 정신과 마음의 건강에도 도움이 된다."고 했다.

[표 1]을 보자. 이는 내가 예시로 적은 것이다. 이와 같이 여러분들의 고민거리를 적으면 된다. ① 부분에는 '내가 지금 걱정하는 것'들을 적는다. 성적 고민, 친구와의 갈등 고민 등 생각나는 대로 일단 적어보자. 사실, ① 부분만 적어도 내가 어떠한 것을 걱정하는지 명료하게 볼 수 있게 함으로써 명쾌한 느낌을 받을 것이다.

그리고 ②와 같이 그 일이 일어난다면 어떠한 일이 발생할 것 같은지 적어보자. 기말고사 시험을 못 보는 것이 걱정된다면 기말고사

	①내가 지금 걱정하는 것들	②내가 걱정하는 일이 실제로 일어난다면?	③내가 지금 할 수 있는 것들
1	다음 주에 있는 기말고사를 잘못 보는 일	• 부모님들이 엄청난 잔소리를 하심 • 부모님들이 실망하심 • 미래의 나의 진로가 불투명해짐	• 단 몇 분이라도 공부하기 • 한 문제라도 풀기
2	친구와 싸운 일	• 이 싸움으로 인해 이 친구와 계속해서 멀어지고 혼자 다니게 될 수 있음	• 내가 잘못한 부분에 대해서 사과하기
3	친구들이 괴롭힘	• 괴롭힘을 당하는 내내 고통을 경험함 • 앞으로 계속해서 괴롭힘을 당하고, 다른 친구들로부터도 왕따를 당할 수 있음	• 집에다가 샌드백을 놓고 권투 연습을 하기 • 권투학원에 다니기 • 학교폭력 신고를 하기

시험을 못 보는 것이 왜 걱정이 되는지 더 명확하게 알게 된다. 그리고 이렇게 적다 보면, 실제로는 일어날 가능성이 없는 일인 것들도 발견하게 된다.

그리고 ③과 같이 '내가 지금 할 수 있는 일'을 적어보자. 기말고사를 못 볼까 봐 걱정되는 사람들은 단 몇 분이라도 공부할 수 있을 것이다. 친구와 싸우고 계속해서 갈등이 생기는 것이 걱정된다면, 전체 일을 다 사과하라는 것이 아니라 내가 잘못을 한 부분만이라도 사과를 할 수 있을 것이다. 친구들에게 괴롭힘을 당해서 계속해서 학교에 다니는 것이 걱정되는 사람들은 학교 폭력 신고를 하거나 자신의 몸을 지키는 운동을 할 수 있을 것이다.

이렇게 내가 지금 할 수 있는 것들이 좀 어렵게 느껴질 수도 있다. 그런데 조금만 더 깊게 생각해보면 내가 걱정하는 일이 실제로 발생해서 더 큰 걱정이 나에게 발생하는 것보다 내가 지금 할 수 있는 일을 하는 것이 더 쉬운 선택이라는 것을 알게 될 것이다.

이런 식으로 내가 걱정하고 있는 부분들에 대해 글로 적고 이를 눈으로 확인하면 이전보다 훨씬 마음이 안정된 자신을 발견하게 될 것이다. 저자도 일상생활을 하면서 걱정거리가 있거나 나의 마음을 불안하게 하는 것들을 이러한 식으로 글로 적거나, 느낌노트를 적는다. 그러면 내가 지금 하는 걱정이 내가 해결할 수 있는 걱정인지, 충분한 시간이 필요한 걱정인지, 내가 어찌할 도리가 없는 걱정인지 명확하게 나눌 수 있게 되고, 한결 마음이 편안해진다.

어니 J. 젤린스키의 책 《느리게 사는 즐거움》에는 우리들이 하는 걱정에 대한 흥미로운 연구 결과가 소개되어 있다. 우리들이 하는 걱정 전체를 100%로 했을 때, 이 중 40%는 절대로 발생하지 않을 사건에 대한 걱정, 30%는 이미 일어난 사건에 대한 걱정, 22%는 별로 신경 쓸 일이 아닌 사소한 것에 대한 걱정, 4%는 어떻게 해도 바꿀 수 없는 사건에 대한 걱정이었다고 한다. 이는 우리가 하는 걱정의 96%가 걱정을 해보아야 별로 효율적이지 않은 걱정이라는 이야기이다. 이는 결국 우리들이 해결할 수 있는 걱정거리는 4%에 지나지 않는다는 결과가 나온다.

우리들의 편도체는 우리들을 지키기 위해 활동한다. 그러나 우리가 편도체 관리를 잘하지 못하는 순간 편도체는 우리의 삶을 지배해 버린다. 따라서 우리는 평상시에 편도체 관리를 해야 한다. 편도체 관리의 핵심은 우리들의 감정을 '알아차리는 것'이다. 그리고 적는 것은 우리들의 감정을 알아차릴 수 있도록 돕는다.

어떻게 하면 행복해질 수 있어요?

"전 제가 행복해지기를 바라지 않아요"

이렇게 말하는 사람이 있을까? 아마도 없을 것이다. 모든 사람은 행복을 꿈꾼다. 어린아이도 청소년도, 어른도, 자신이 행복하지 않기를 바라는 사람은 없다. 공부를 왜 열심히 할까? 공부를 열심히 하면 좋은 대학교에 갈 수 있기에 열심히 한다. 그럼 좋은 대학교에는 왜 가려고 할까? 좋은 대학교를 졸업하면 좋은 직장을 얻을 수 있다고 생각하니까 좋은 대학교에 가려고 한다. 그럼 좋은 직장에는 왜 취직하려고 할까? 좋은 직장에 취직하면 돈을 많이 벌 수 있으니까 좋은 직장에 취직하려고 한다. 그럼 돈을 왜 많이 벌려고 할까? 돈을 많이 벌면 사고 싶은 것도 마음대로 살 수 있고, 이상형을 만나 결혼 생활을 할 수 있다고 생각하기 때문이다. 그럼 왜 사고 싶은 것을 마음대로 사고 싶고, 결혼하려고 할까? 이렇게 되면 행복하리라 생각하기 때문이다. 결국 우리는 행복하기 위해서 이 모든 것을 하는 것이다.

이 원칙은 누구에게나 적용이 된다. 극단적인 예로 자해하는 청소년을 예로 들어보자. 자해하는 청소년도 행복하고자 자해를 선택하는 것이다. 평상시 마음 상태가 너무 불안하고, 혼란스러운 상태에서 자해를 하면 신경이 자해한 신체로 향하게 되면서 일시적으로 편안한 상태가 되기 때문이다. 그러나 이러한 선택은 결국 자신의 몸을 더 상하게 만들어서 결국 자신을 더 불행하게 만들게 된다. 마치 마약과 같은 이치이다.

그럼 돈이 많으면 우리는 행복해질 수 있을까? 그러나 돈이 많다고 해서 다 행복하지는 않다는 사실을 우리는 누구나 알고 있을 것이다. 일반 사람들이 평생 모아도 모으기 힘든 수백억 원대의 자산을 가지고 있던 사람들이 자살을 선택했다는 이야기를 심심치 않게 듣고 있다. 로또에 당첨되는 것도 마찬가지이다. 로또에 당첨되고 얼마 지나지 않아 삶이 더 망가진 사례들을 많이 듣는다.

우리가 행복해지려면 무엇을 어떻게 해야 할까? 다른 어떤 것도 그러하듯이 우리가 어떠한 것을 얻고자 한다면 그 얻고자 하는 것의 정의가 무엇인지 확인하는 것이 먼저다. 의외로 많은 사람이 행복을 바라지만 행복이 무엇이냐고 물으면 제대로 답을 하지 못한다. 여러분들에게도 묻겠다. '행복'이 무엇인가?

여러분들에게서 다양한 답이 나왔을 것이다. 그렇다면 국어사전에서 이야기하는 '행복'의 정의를 보자. NAVER 국어사전에 행복을 검색하면 이와 같은 정의가 나온다. 〔1. 복된 좋은 운수. 2. 생활에서 충분한 만족과 기쁨을 느끼어 흐뭇함. 또는 그러한 상태] 내가 여기서 이야기하려는 행복은 '1. 복된 좋은 운수'보다는 '2. 생활에서 충분한 만족과 기쁨을 느끼어 흐뭇함. 또는 그러한 상태'이다. 생각보다 간단하지 않은가? 행복은 기분이 좋은 상태를 의미한다.

"우리가 고작 기분이 좋은 상태를 위해 살고 있다고?"라는 생각이 들면서 조금 허무하게 느껴질 수도 있다. 그러나 앞에서도 이야기했듯이 우리들이 하는 모든 행동은 우리들의 행복을 위해서 한다. 우리들의 기분을 좋게 하기 위해 하는 것이다.

"그럼, 어차피 기분이 좋아지고자 하는 것이 인생이니까 막 하고 싶은 대로 살아도 되겠네요?"라는 청소년이 있을지 모르겠다. 뭐, 그러한 마음이 들 수도 있지만, 그렇게 되면 주변 사람들이 행복하지 않게 된다.

예를 들어서, 내가 내 기분을 좋아지게 한다고 집안을 마음껏 어지르면 어떻게 되겠는가? 부모님의 행복도가 떨어진다. 마찬가지로 내가 내 기분을 좋아지게 한다고 물건을 훔치면 어떻게 되겠는가? 물건을 잃어버린 사람의 행복도가 떨어질뿐더러, 나중에 행복도가 떨어진 채로 교도소에 있는 자신을 발견하게 될 것이다. 이렇듯 '행복해지는 것'은 간단해 보이지만, 간단하지 않다.

우리는 어떻게 할 때 행복해질 수 있을까? 즉, 어떻게 하면 '기분 좋은 상태'를 유지할 수 있을까? 하버드 대학교의 대니엘 길버트 교수는 2007년도에 흥미로운 연구 결과를 발표했다. 그는 정년보장 심사를 앞둔 수십 명의 교수의 행복 수준을 측정했다. 우리나라로 치면, 공무원 시험을 앞둔 수험생들의 행복 수준을 측정한 것이다. 이 교수들은 모두 자신이 정년보장만 받게 되면 엄청나게 행복해질 것이라고 예상했고, 그 행복감이 오래갈 것으로 기대했다.

결과는 어떻게 되었을까? 정년보장을 얻은 직후, 교수들의 행복 수준은 매우 높아졌다. 그리고 정년보장 심사에서 탈락한 교수들의 행복 수준은 낮아졌다. 그러나 수개월 뒤 이들의 행복 수준을 측정한 결과는 달라졌다. 이들은 자신들이 평상시 지니고 있었던 기본 행복 수준으로 돌아갔다. 내가 여기서 이야기하고자 하는 것이 바로 이 '기본 행복 수준'이다.

〔그림 11〕을 보자. 세로축은 '행복 수준'을 뜻하며, 위로 올라갈수록 행복하다는 것을 의미한다. 가로축은 '시간'을 뜻하며, 오른쪽으

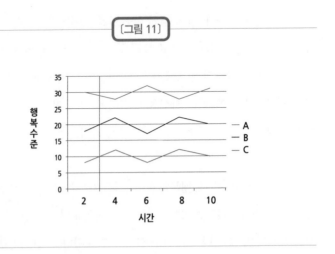

〔그림 11〕

로 갈수록 시간이 흘러감을 의미한다. 그러면 A, B, C라는 사람이 있다고 할 때, 어떤 사람이 제일 행복한 사람일까? 당연히 A라는 사람이다. A, B, C 모두 시간이 지나면서 행복도가 위, 아래로 출렁거렸지만, A는 평균 30의 행복도를 유지했고, B는 평균 20, C는 평균 10의 행복도를 유지했다. 우리는 A처럼 되어야 한다. 성적이 잘 나오면 행복해졌다가, 성적이 잘 못 나오면 불행해지는 삶이 아니라 평상시 기본 행복 수준을 높여 놓아야 한다는 말이다. 그럼 우리는 어떻게 기본 행복 수준을 높일 수 있을까?

여러분들에게 추천하고자 하는 첫 번째 방법은 바로 '깨어 있기'이다. 깨어 있는 상태란 현재 자신의 마음 상태나 몸의 상태를 온전히 자각하고 있는 상태를 말한다.

'깨어 있기'에 대해서 더 이해하기 쉽도록, 오히려 역으로 우리가 깨어 있지 않은 상태라고 가정을 해보자. 만약 자기 자신이 현재 불안한 상태인데, 자기 자신이 불안해하고 있는지 자각하지 못하고 있다고 해보자. 여러분들도 기억을 더듬어 보면 이와 같은 상태, 예를 들어서 일상생활을 하면서 왜인지는 모르겠는데 그냥 짜증이 나고 마음이 불편했던 적이 있을 것이다. 바로 이러한 상태가 깨어 있지 못한 상태이다. 1장 〈선생님, 저 죽고 싶어요〉에서 설명했던 안대를 착용한 채로 물건을 맞추어야 하는 연예인과 같은 상태라고 보면 된다.

이렇게 '깨어 있지 못한 상태'가 되면 우리의 뇌는 비상상태로 전환이 된다. 더 자세히 말하면 2장 〈뇌 속의 경보기, 편도체〉에서 설명했었던 우리 뇌의 편도체가 비상상태로 전환이 된다. 왜냐하면 편도체의 역할은 우리를 위험에서 벗어나게 하는 것이 목적이기 때문에, 우리가 깨어있지 못한 상태로 있으면 편도체는 우리에게 위험 상태를 알려주기 위해 계속해서 경보기를 울리면서 우리를 더 불안한 상태로 만들기 때문이다. 우리가 자신의 마음 상태에 깨어날 때까지 말이다.

이는 우리 몸이 우리에게 보내는 '통증'과도 같은 시스템이라고 보면 된다. 우리가 무엇인가를 잘못 먹었을 때, 우리의 몸은 우리를 지키기 위해서 통증을 느끼도록 한다. 우리가 통증을 느껴야 "무엇인가 내가 잘 못 먹었구나"라는 생각을 하고 조치를 취하기 때문이다. 만약, 우리가 이 통증을 무시하면 어떻게 될까? 우리 몸은 우리 자신이 배가 아픈 것을 자각할 때까지 더 복통을 느끼도록 우리에게 신호를 보낼 것이다. 그러나 우리가 깨어있는 상태라면 우리는 자신에게 필요한 조치를 하게 되고, 지속해서 편안한 기분을 유지할 수가 있다.

그럼 우리가 어떻게 하면 이렇게 깨어있는 상태를 유지할 수 있을까? 1장 〈선생님, 저 죽고 싶어요〉에서 이야기한 느낌노트도 아주 좋은 방법이다. 그러나 느낌노트는 이미 설명을 했으니까, 'RAIN'이라는 방법을 소개하고자 한다.

'RAIN'은 미국의 임상 심리학자이자 저명한 명상가이면서 《자기 돌봄》, 《받아들임》 등의 저서를 출판한 타라 브랙이 자신의 책 《삶에서 깨어나기》에서 소개한 방법이다.

R은 Recognize의 약자로, 지금 여기서 일어나는 생각, 감정, 느낌

에 주의를 기울이는 것을 말한다.

"지금 내가 느끼는 감정이 뭐지?"라는 질문을 하며 나의 현재 상태 감정에 초점을 맞춘다. 아직 이 방법이 익숙하지 않은 사람들은 지금 내가 느끼는 감정이 무엇인지 잘 모를 것이다. 그러면 일단, 기분이 좋은 느낌인지, 나쁜 느낌인지부터 살펴보아라. 그러고 나서 내가 느끼는 감정이 세부적으로 기쁨인지, 슬픔인지, 분노인지, 두려움인지 살펴보아라.

A는 Allow의 약자로, 삶을 있는 그대로 허락하라는 뜻이다.

자신에게 느껴지는 감정이 어떠한 감정이든지 허락해주어라. 너무도 많은 사람이 "나는 '화'를 느껴서는 안 돼", "나는 '성욕'을 느껴서는 안 돼", "나는 '질투'를 느껴서는 안 돼"와 같이 자기 자신이 느끼는 것을 거부한다. 그러나 이렇게 자기 자신이 느끼는 것을 거부하면 할수록, 오히려 이러한 감정에 얽매여 버린다.

우리가 왜 화를 느끼면 안 되는가? 우리가 왜 슬픔을 느끼면 안 되는가? 우리가 왜 성욕을 느끼면 안 되는가? 이러한 정서는 너무도 자연스러운 정서이다. 우리는 이러한 감정을 자신에게 허락함으로써 이러한 감정에서 자유로워질 수 있다. 자신의 감정을 수용해주어라. 사실 이 단계까지만 해보아도 여러분들은 자신의 감정을 수용해주는 자체가 얼마나 위대한 일인지 알게 될 것이다.

I는 Investigate의 약자로, 자신의 내면 상태를 다정하게 조사하라

는 뜻이다.

"이 감정이 나에게 전달하고자 하는 내용이 무엇이지?"와 같이 자신의 내면에 호기심을 갖는 것이다. 모든 감정은 우리에게 전달하고자 하는 메시지가 있다. 예를 들어, 슬픔은 우리가 지금 위로가 필요하다는 것을 전달한다. 화는 우리가 처한 상황이 우리를 위협할 수 있다는 것을 전달한다.

N은 Non-identification의 약자로 자기 자신이 느끼는 감정과 스스로를 동일시 여기지 않는 것이다.

우리들이 느끼는 감정은 단지 감정일 뿐이다. 우리는 분노 자체가 아니다. 잠시 분노를 느꼈을 뿐이다. 우리는 슬픔 자체가 아니다. 잠시 슬픔을 느꼈을 뿐이다. 그러나 많은 사람은 자기 자신이 느끼는 감정과 자신을 동일시하며 괴로움을 겪는다. 이처럼 RAIN을 한 단계씩 차례대로 연습해 보자. 우리는 자신의 상태에 대해 깨어날 수 있게 될 것이다.

다음으로 소개할 우리들의 '기본 행복 수준'을 높이는 두 번째 방법은 바로 $행복 = \dfrac{소유}{욕구(욕심)}$ 라는 공식을 명확히 깨닫는 것이다. 이 공식에서 주목해야 할 부분은 '소유'가 분자에 있고, '욕구'가 분모에 있다는 사실이다. 따라서 우리의 행복도가 높아지기 위해서는 $행복 = \dfrac{소유\uparrow}{욕구(욕심)}$ '소유'를 높이면 된다. 쉽게 생각해서 우리가 갖고 싶었던 노트북이나 옷을 갖게 되었을 때 행복해지는 것을 떠올리면 된다. 어떤가? 행복해지기 쉽지 않은가?

그런데 아마도 여러분들이 이미 눈치를 챘듯이, 분모 부분에 있는 욕구(욕심)가 문제다. 행복 $= \dfrac{소유 \uparrow}{욕구(욕심) \uparrow}$ 와 같이 우리가 아무리 소유하는 것이 많아져도 그만큼 욕구(욕심) 부분이 늘어나면 우리들의 행복도는 그대로이거나 오히려 낮아진다. 흔히 하는 말로 "사람의 욕심은 끝이 없지"와 같은 상태가 지속한다면 우리는 계속해서 불행한 상태가 되는 것이다.

그럼 행복 $= \dfrac{소유}{욕구(욕심) \downarrow}$ 와 같은 상태는 어떠할까? 원하는 것이 적어지니 그만큼 행복해질 것이다. 이와 같은 상태를 강조하셨던 분이 바로 《무소유》를 집필하신 법정 스님이시다. 소유하고자 하는 마음을 없애면 크나큰 행복이 온다는 이야기이시다. 예를 들어서 이 공식의 분모 부분 욕구(욕심)를 0으로 만들면 어떻게 될까? 행복 $= \dfrac{소유}{0}$ ∞와 같이 행복은 무한대가 될 것이다.

불교에서 가르치는 해탈의 경지가 바로 이러한 상태가 아닐까 싶다. 물론 이러한 경지도 참으로 배워봄 직한 경지이기는 하다. 우리가 행복한 삶을 살아가는데, 분명 도움을 줄 것이다. 그러나 이러한 상태를 평생 유지하기란 쉽지 않다. 우리는 우리가 이루고자 하는 것을 이룰 필요도 있다.

그렇다면 가장 이상적인 상태는 어떠한 상태일까? 바로 행복 $= \dfrac{소유 \uparrow}{욕구(욕심) \downarrow}$ 과 같은 상태를 유지하는 것이다. 자신의 분에 넘치는 것을 바라는 욕구(욕심)를 낮추면서, 소유 부분을 늘리기 위해 노력하는 것이다.

그런데, 여기서 내가 강조해서 이야기해주고 싶은 부분은 바로 이미 우리가 소유하고 있는 부분에 눈을 뜨는 것이다. 그러나 안타깝게도 많은 사람은 자기 자신이 이미 소유하고 있는 것들은 내팽개치고 아직 자신이 가지지 못한 부분만을 생각하면서 괴로워한다. 많은 사람은 아름다운 세상을 볼 수 있는 눈을 가지고 있으면서 이러한 사실이 얼마나 감사한지를 잊고 살아간다. 그러나 여러분들도 이미 알고 있듯이, 세상에는 앞을 볼 수 없는 시각 장애인 분들도 너무도 많다.

나는 여기서 우리보다 덜 가지고 있는 사람들을 보면서 자신을 위로하자는 말을 하는 것이 아니다. 실제로 우리가 가지고 있으면서 잊고 살아가는 것들에 대해서 깨닫고 조금이라도 감사하면서 살아가면 훨씬 행복한 삶을 살 수 있다는 것을 말하려고 하는 것이다.

태어날 때부터, 눈이 안 보이고, 귀가 안 들리는 시각, 청각 장애인이었지만 하버드 대학교를 졸업하고 평생을 장애인 복지사업을 하고, '자유의 메달' 레지웅도뇌르 훈장을 받는 위대한 업적을 달성한 헬렌켈러 여사는 이러한 감사가 습관이셨던 분이셨다. 헬렌켈러 여사는 자신에게 있는 감사함을 2,000개나 쓰시곤 하셨는데, 이 중 첫 번째로 감사하는 것이 바로 'I can feel it(나는 느낄 수 있다)'이었다. 비록 눈이 안 보이고 귀가 들리지 않았지만 느낄 수 있다는 사실을 진심으로 감사했던 것이다. 난 이렇게 자신에게 이미 있는 것들에 대해 감사해하는 습관이 헬렌켈러 여사를 이토록 위대한 사람으로 만들었다고 생각한다.

이와 같은 습관을 지겼던 사람은 또 있다. 바로, 전 세계 1억 4000만 명을 울고, 웃기는 미국 최고의 토크쇼 여왕 오프라 윈프리이다. 오프라 윈프리는 6억 달러(한화 6,777억)의 자산을 가지고 있고, 2013 포브스 선정 가장 영향력 있는 유명인사 100인에 선정되었을 뿐 아니라 유엔이 선정하는 '올해의 세계지도자상', 제84회 아카데미 시상식 평생 공로상, 케네디센터 평생공로상 등의 다양한 시상식에서도 수상할 정도로 성공한 여성이다.

그러나 오프라 윈프리의 어린 시절은 너무도 비참했었다. 사생아(법률적으로 부부가 아닌 남녀 사이에서 태어난 아이)로 태어나 할머니 손에서 자랐고, 삼촌의 성폭행으로 인해 14살에는 미혼모가 되었었다. 그리고 이렇게 태어난 오프라 윈프리의 아기는 태어난 지 2주 만에 죽고 말았다. 이러한 충격으로 인해 오프라 윈프리는 마약과 술로 하루, 하루를 지옥같이 보냈다. 그런데, 이러한 오프라 윈프리의 삶을 변화시킨 것이 바로 '감사 일기'이다

오프라 윈프리는 지금껏 밥 먹는 일 이외에 하루도 빼먹지 않고 매일 5가지씩 감사 일기를 써왔다고 한다. 그러나 그 내용이 거창한 감사내용이 아니다. 오프라 윈프리가 썼던 감사 일기 내용을 보면, 이러하다.

'오늘도 거뜬하게 잠자리에서 일어날 수 있음에 감사합니다.'
'유난히 눈부시고 파란 하늘을 볼 수 있게 주셔서 감사합니다.'
'점심때 맛있는 스파게티를 먹게 해주셔서 감사합니다.'

'얄미운 짓을 한 동료에게 화내지 않았던 저의 참을성에 감사합니다.'

'좋은 책을 읽었는데, 그 책을 써준 작가에게 감사합니다.'

이처럼 오프라 윈프리는 일상적인 생활 자체를 긍정적이고 감사하게 여겼기에 어린 시절의 역경을 극복하고 지금과 같은 성공을 이룰 수 있었다. 우리도 조금만 생각해보면 우리에게 감사할 일들이 너무도 많다는 것을 금방 느낄 수 있을 것이다.

이렇게 우리는 기본 행복 수준을 높여야 한다는 것과 기본 행복 수준을 높이는 방법 2가지 '깨어나기'와 '감사하기'를 배웠다. 이러한 방법은 여러분들의 기본 행복 수준을 향상시킬 것이다. 한번으로 이해가 되지 않는다면 여러번 이 부분을 읽어서 여러분들 것으로 만들어서 언제고 행복한 상태를 유지할 수 있는 여러분들이 되기를 바란다.

데이비드 호킨스 박사님의 평생에 걸친 역작, 《놓아버림》

"늦었다, 늦었어!!"

기차 출발 시간은 21시 18분. 현재 시각 21시 13분. 나는 전력으로 기차역으로 달렸다. 기차역에 도착해 보니 다행히도 기차가 서 있었다. '휴……' 안도의 한숨을 쉬면서 나는 기차에 올라섰다. 그런데 내 자리에 떡하니 커플이 다정히 앉아있는 것이 아닌가?

'뭐야? 남의 자리에서!!'

마음속에 화가 올라오지만 난 정중하게 인사했다.

"실례합니다. 여기 제 자리인 것 같은데요?"

당황한 커플이 주머니에서 기차표를 꺼내 확인했다. 난 속으로 생각했다.

'훗, 어때? 내 자리 맞지?'

그런데 그 커플이 자신들의 기차표를 나에게 보여주며 이야기했다.

"여기 저희 자리 맞아요."

커플의 기차표를 확인해보니 이게 웬걸? 진짜로 이 커플의 자리가 맞았다.

'뭐지?!!'

당황한 나는 나의 기차표를 확인했다. 5호 차 16A.

'나도 여기 자리가 맞는데 뭐지?!!! 그럼 내가 기차를 잘 못 탔구나?!!'

나는 기차를 잘 못타고 괜한 커플들을 탓하고 있었던 것이다. 그리고 이러는 사이 이미 기차는 출발했다. 이 기차는 내가 원래 타려던 전주행 기차가 아닌 목포행 기차였다.

이때 당시의 내 심정이 어떠했을지 상상이 가는가? 난 나의 머리카락을 다 쥐어 뽑고 싶었다. 처음에는 스스로에 대해 이런 말들이 맴돌았다.

'이 멍청이가!! 기차를 잘 확인하고 탔어야지!!'

사실, 이러한 상황은 우리가 살다 보면 무수히 발생한다. 내 마음대로 공부가 되지 않을 때, 내가 갖고 싶은 무엇인가를 갖지 못할 때 등 우리는 이러한 상황에 직면한다. 그런데 이러한 상황마다 우리가 만약 머리카락을 쥐어뜯고, 화를 내고, 스트레스를 받는다면 어떻게 될까? 아마도 우리의 머리카락은 하나 남아있지 않을 것이고, 우리는 심혈관계 질환에 걸려 고생하고 있을 것이다.

위의 예시 상황으로 다시 가보자. 그 당시 나는 그 상황을 바꿀 수 있었을까? 그럴 수 없다. 기장님에게 가서 너무 죄송하다고 말하면서 기차를 세울 수 있는 것도 아니고, 기차에서 뛰어내릴 수 있는 것도 아니다. 우리가 상황을 바꿀 수 있는 경우는 드물다.

그러면 우리는 무엇을 바꿀 수 있을까? 우리는 우리의 마음 상태를 바꿀 수는 있다. 나는 이 당시 처음에 잠깐 화가 나긴 했지만, 다행히도 몇 년간 공부한 게 심리학이라 난 곧바로 '놓아버림'을 사용했고, 편안히 그 상황을 즐길 수 있었다.

'놓아버림'이 무엇이냐고? 그래서 이번 절에서는 여러분들에게 놓아버림을 소개하고자 한다. 여러분들은 이 놓아버림만 잘 활용해도 여러분들의 삶을 행복으로 이끄는 데 많은 도움을 받을 것이다. 더해서 놓아버림을 잘 활용하면 여러분들이 이루고자 하는 일을 성취하는 데도 많은 도움을 받을 것이다.

'놓아버림'은 정신 의학자이자 세계적인 영적 스승으로 인정받는 데이비드 호킨스 박사가 2012년 9월 19일 별세하기 전 마지막으로 쓴 책 제목이자 그가 말하고자 했던 핵심 내용을 설명해주는 단어이다.

호킨스 박사는 오랫동안 정신과 의사로 일하면서 사람들이 겪는 다양한 형태의 고통을 효과적으로 줄일 방법을 찾기 위해 노력했다. 이를 위해 의학, 심리학, 정신의학, 정신분석, 행동치료, 바이오피드백, 영적 기법, 명상법 등의 다양한 분야를 거쳐서 최종적으로 강조한 방법이 바로 놓아버림이다.

위의 내가 경험했던 기차 상황을 다시 생각해보자. 난 기차를 잘못 탔고, 그 결과 나의 시간을 허비하게 되었다. 이때 나는 계속해서 화를 내면서 시간을 더 허비할 뻔했지만, 곧바로 놓아버림 기제를 사용했다.

'어쩔 수 없지 뭐…… 그냥 지금 내가 할 수 있는 일을 하자.'

이게 바로 '놓아버림'이다. 생각보다 간단하지 않은가? 놓아버림은 집착하는 마음을 놓는 것이다. 호킨스 박사의 말을 빌리자면 놓아버림은 '무거운 물건을 떨어뜨리듯 마음속 압박을 갑작스럽게 끝내는 일'이다. 아마 여러분들 중에도 자신도 모르게 놓아버림을 잘 활용하고 있는 분도 있을 것이다.

어떠한 의미로 놓아버림은 우리가 어떠한 일을 할 때 포기하는 것이랑 비슷하다. 그러나 놓아버림은 우리가 성취하고자 하는 어떠한 목표를 포기하는 것은 아니다.

우리의 감정을 있는 그대로 놓아두는 것이다. 2장 〈어떻게 하면 행복해질 수 있어요?〉에서 소개했던 삶에서 깨어나기 – 타라 브랙의 RAIN과도 비슷하다. 어떠한 감정이 일어나는지 알아차리고, 감정이 일어나도록 놓아두고, 감정과 함께 있고, 감정이 스스로 제 갈 길을 가도록 놓아주는 것이다. 이는 타라 브랙도 《받아들임》이라는 저서로 '놓아버림'과 같은 개념을 설명했다.

이렇듯, 사실 '놓아버림' 기제는 데이비드 호킨스 박사님 말고도 많은 사람들이 강조했던 기제이기도 하다.

2,500년 전 불교를 설파했던 석가모니도 해탈(불교에서 인간의 속

세적인 모든 속박에서 벗어나 자유롭게 되는 상태 - 두산백과 -)의 경지에 오르려면 욕심과 집착을 내려놓아야 한다고 했다. 정신과 전문의 문요한 선생님도 자신의 저서 《천 개의 문제, 하나의 해답》에서 우리에게 직면한 문제를 해결하는 단 하나의 방법으로 '받아들임'을 제시하고 있다.

> 자신의 존재를 받아들이고, 자신을 둘러싼 현실을 받아들이고, 다른 사람들을 받아들일 수 있을 때 비로소 엉킨 실타래는 풀려날 수 있습니다. ……중략…… 삶의 평화와 행복은 내가 원하는 상태로 나를 바꿀 때 얻어지는 것이 아닙니다. 내 안에 있는 것들을 한 울타리 안으로 끌어안을 때 일어납니다. 우리는 자신을 받아들이는 만큼 행복하고 삶을 받아들이는 만큼 성장하며 상대를 받아들이는 만큼 사랑할 수 있습니다.
>
> -《천 개의 문제, 하나의 해답》 10~13p -

데이비드 호킨스 박사도 "존재로 가는 길 앞에 놓인 모든 것을 놓아버릴 때, 존재가 그곳에서 눈부시게 빛을 발하고 있습니다"라고 말한다. 놓아버릴 때 행복해질 수 있다는 것이다. 그리고 데이비드 호킨스 박사는 우리가 놓아버릴 때, 더 많은 혜택을 얻을 수 있다고 말한다.

그럼 놓아버림은 어떠한 혜택을 우리에게 줄까? 일단, 위의 기차 예시에서도 말했듯이 우리가 경험하는 스트레스 상황을 잘 극복할 수 있도록 돕는다. 호킨스 박사는 이를 '감정적 성장'이라고 표현했다. 우리를 가로막던 부정적인 감정과 신념에서 벗어나 긍정적인 감정과 '할 수 있어'와 '기쁘게 하자'와 같은 긍정적인 사고방식으로 바뀌는 것이다.

그리고 놓아버림은 우리들의 건강에 이롭다. 생각해보라, 우리가 계속해서 부정적인 감정을 놓지 않고 계속해서 스트레스를 받는다면? 아마도 우리는 여러 가지 질병에 걸릴 것이다. 반대로 우리는 놓아버림을 실천함으로써 건강을 얻을 수 있다. 놓아버림은 우리의 몸을 최적의 상태로 만들어 준다. 이로써 우리는 활력과 기운이 솟고 인상도 좋아지고 안락감이 커지면서 매사를 힘들이지 않고 효율적으로 일을 처리할 수 있게 되어 진다.

그리고 호킨스 박사는 놓아버림이 우리들의 직업상 목표를 성취할 수 있도록 돕는다고도 말한다. 더해서 대인관계도 마찬가지다. 이는 놓아버림이 우리들의 부정적인 감정을 긍정적인 감정으로 변화시켜주기 때문이다.

생각해보라. 주변 친구 중에 매일 화가 나 있거나, 우울해 하는 친구보다 항상 밝고, 긍정적인 친구와 더 친해지고 싶지 않은가?

이는 생물학적으로도 근거가 있는 내용이다. 우리들의 심장박동은 그 상태에 따라 다른 파장을 내보낸다. 심장박동이 천천히 뛸 때는 안정적인 주파수를, 심장박동이 빨리 뛸 때에는 불안정한 주파수를 내보낸다. 그런데 이 주파수가 전달되는 거리가 반경 3m에서 6m

까지 전달된다고 한다. 그러니까 한 방에 있는 사람들에게는 다 전달이 된다는 의미이다. 그래서 이는 우리가 평상시에 왠지 모르게 어떤 사람한테는 가까이 다가가기가 싫은 마음이 들고, 어떤 사람한테는 다가가고 싶은 마음이 드는 것을 설명해준다.

"에이~ 말도 안 돼~"라고 생각할 수 있지만, 이는 과학적인 사실이다. 그리고 어떤 분들은 "나의 감정이 전달된다니 너무 무섭네요"라고 말하는 분도 있을지 모르겠다. 그렇다.

그래서 심리상담사들은 내담자와 상담을 시작하기 전에 스스로 평온한 감정 상태를 유지하기 위해 큰 노력을 한다. 왜냐하면 심리상담사의 감정 상태는 내담자에게 곧바로 영향을 미치기 때문이다.

평상시에 평온한 감정 상태를 유지하는 것은 자기 자신에게 좋을 뿐 아니라, 다른 사람에게도 좋은 영향을 준다. 반대로, 평상시에 분노나 두려운 감정상태를 유지하는 것은 자기 자신에게도 안 좋을 뿐 아니라, 다른 사람에게도 안 좋은 영향을 준다. 그래서 나의 스승이신 대화 스님께서는 이러한 말씀을 자주 하셨다.

"평상시 자신의 정서 상태를 잘 관리하는 것은 주변 사람들에게 10만 원짜리 수표를 주는 것이고, 자신의 정서 상태를 잘 관리하지 못하는 것은 주변 사람들에게 똥물을 뿌리는 것이야."

맞는 말씀이라고 생각한다.

이와 같이 놓아버림은 우리들의 정서를 안정시킬 뿐만 아니라 우리들의 건강, 대인관계, 직업적인 성취를 돕는다. 더 자세한 내용은 호킨스 박사님의 《놓아버림》 책을 꼭 읽어보길 권하고 싶다.

하와이인들의 기적의 치유법, 호오포노포노

[그림 12]과 같이 물병에 검은색 잉크를 떨어뜨렸다고 생각을 해 보자. 맑은 물은 금세 검은색 물이 될 것이다. 그렇다면 이와 같은 검은색 물을 다시 맑은 물로 만드는 방법에는 어떠한 방법들이 있을까? 어떠한 정수 시스템을 활용해 정수시키는 방법이 있을 것이다. 아

[그림 12]

니면 어떠한 약품을 활용해 정수시키는 방법이 있을지도 모르겠다. 이러한 방법들보다 한 가지 더 간단하면서 효과적인 방법 하나를 소개할까 한다. 그 방법은 바로, 〔그림 13〕과 같이 검은색 물에 맑은 물을 끊임없이 붓는 것이다. 그러면 검은색 물은 맑은 물이 된다.

왜 갑자기 심리학 서적에 이러한 물을 정화하는 이야기를 실었을까? 바로, 우리들의 마음이 치료되는 과정이 물이 정화되는 과정과 유사하기 때문이다.

먼저, 〔그림 12〕에 잉크가 떨어지기 전, 원래 담겨있던 맑은 물은 우리들이 갓 태어났을 때의 마음 상태라고 볼 수 있다. 그런데, 우리들이 삶을 살아가면서 발생하는 여러 상처로 인해 몇 방울씩 잉크가 떨어지기 시작한다. 어떤 때는 잉크가 들이부어지기도 한다. 학교 폭력이나 부모님의 이혼 등과 같은 일이 발생하는 것이다. 이는 1장 〈선생님 저 죽고 싶어요〉에서 설명한 마음의 그릇에 쌓이는 상처들과 같은 메커니즘이라고 보면 된다. 이때, 우리는 〔그림 13〕 처럼 맑은 물을 부어줌으로써 치료를 하는 것이다.

하와이인들은 이러한 사실을 이미 알고 있었던 것으로 보인다. '호오포노포노'는 '바로잡다' 또는 '오류를 정정하다'는 뜻으로 하와이에서 4백 년 전부터 전해져 오는 전통적인 문제 해결법이다. 이들은 오류가 과거의 고통스러운 기억들로 얼룩진 생각들에서 비롯된다고 생각했다. 맑은 물에 검은색 잉크가 떨어진 것과 같이 말이다.

여기에 하와이인들은 '미안합니다, 용서해주세요, 고맙습니다, 사랑합니다'라는 네 문장을 사용해 맑은 물을 붓는다. 호오포노포노에서 사용하는 용어로 표현하자면, 오류의 에너지를 방출하고 정체된 에너지를 흐르게 해 문제해결을 하는 것이다. 여기서 호오포노포노의 주목할 점은 문제를 해결할 때 상대방의 문제를 바로 잡기보다, 위와 같은 주문을 활용해 나 자신을 정화함으로써 상대방의 문제까지 해결해준다는 것이다.

호오포노포노는 하와이에서 4백 년 전부터 내려오는 전통적인 치료법이지만, 2,000년대에 이하레아카라 휴렌 박사에 의해서 세상에 널리 알려졌다. 휴렌 박사는 유타 대학에서 석사학위를 받은 후 1973년 아이오와 대학에서 심리학 교육 박사학위를 받고, 발달장애 등과 같은 특수한 문제를 안고 있는 아이들을 교육하고 보살피는 일을 맡아왔다. 그러던 중, 우연히 하와이 원주민의 전통적 고도 의료 전문가이자 전통적인 호오포노포노를 현대식으로 발전시킨 모르나 날

라마쿠 시메오의 제자가 되었고, 호오포노포노를 활용해 다양한 사람들을 치유하기 시작한 것이었다.

휴렌 박사는 다양한 사람들을 치유했는데, 그중에서도 휴렌 박사의 책《호오포노포노의 지혜》에 보면, 휴렌 박사가 범죄를 저지른 정신장애자 수용 병동에서 치료했던 사례가 나온다.

이 병동은 살인이나 강간 등 무거운 죄를 저지른 수용자들이 많아서 수용자들 사이에 폭력은 물론이고, 수용자들에게 직원들이 폭행을 당하는 일도 빈번하게 일어나는 곳이었다. 수용자들을 날뛰지 않게 하기 위해 병동 직원들은 수용자들에게 약을 대량으로 투여하고 수갑과 족쇄까지 채워 침대에 묶어놓는 일이 다반사였다.

수용자들의 평균수용 기간은 7년 정도였으며, 한 사람당 1년에 평균 5만 달러의 비용이 소요되었으니 7년간 약 35만 달러의 세금이 쓰이고 있었다.

그런데 놀랍게도, 휴렌 박사가 이 병동에서 근무한 1983년부터 1987년까지 5년간, 수용자들이 4, 5개월 만에 일반 교도소로 옮겨지기 시작한 것이었다. 병동 분위기도 많이 달라져서 이전에는 수용자들이 퇴원할 때, 족쇄와 수갑을 차고 이송되었지만 휴렌 박사가 근무하면서부터는 그럴 필요가 없어졌다.

수용자들은 눈에 띄게 평온해졌고, 수용자들에게 테니스, 조깅 등이 허용되기까지 했다. 절대로 증상이 개선되지 않을 것 같던 수용자들이 잇달아 퇴원했고, 휴렌 박사가 일을 그만둘 때쯤에는 병동 내의

폭력이 완전히 사라졌다. 그리고 최종적으로는 병동에 수용자가 단 한 명도 남지 않았다고 한다.

더 놀라운 것은 휴렌 박사는 수용자들과 직접 이야기를 하지도 않았고, 어떤 치료도 하지 않았다고 한다. 다만, 수용자들의 이름이 적힌 파일을 보면서 호오포노포노 정화를 계속했다. 휴렌 박사는 매일 아침 출근하기 전에 정화했고, 일하는 동안에 계속 정화를 했다.

여기서 정화란 수용자들의 문제를 그들의 문제로만 보지 않고, 휴렌 박사 자신에게도 그 책임이 있다고 여기며, '미안합니다, 용서해주세요, 고맙습니다, 사랑합니다'를 되뇌는 것을 한 것이다.

그렇다면 어떻게 '미안합니다, 용서해주세요, 고맙습니다, 사랑합니다'를 되뇌는 것만으로 이러한 치료가 가능한 것일까? 〔그림 14〕

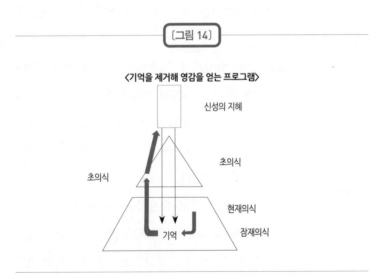

〔그림 14〕

〈기억을 제거해 영감을 얻는 프로그램〉

신성의 지혜

초의식

초의식

현재의식

기억

잠재의식

는 휴렌 박사의 책 《호오포노포노의 지혜》에 수록된 개개인의 의식 구조를 나타내는 그림이다.

제일 위에 있는 부분은 휴렌 박사가 '신성의 지혜'라고 지칭한 부분이다. 밑에 있는 '초의식'은 신성의 지혜와 인간의 의식, 무의식을 연결하는 역할을 한다. 초의식 아래에 있는 의식은 우리가 평소에 인식하고 있는 마음과 머릿속의 상태이다. 그리고 이 의식 아래에 있는 무의식에는 맑은 물속 잉크처럼 우리들이 신성의 지혜로부터 영감을 받은 모습대로 살지 못하게 방해하는 기억들이고 이러한 기억 중에서 부정적인 기억들은 고통, 질병의 원인이 된다. 그런데 우리가 호오포노포노 정화를 하면 부정적인 기억들이 사라지고, '신성의 지혜'와 연결이 된다는 것이다.

아마도, 이러한 기제가 잘 이해가 되지 않을 수 있다. 그러나 이러한 기제를 정확히 이해하지 못 하더라 괜찮다. 우리는 전기의 작동원리를 잘 몰라도 전기를 잘 사용할 수 있다.

저자인 나도 이러한 기제가 정확히는 이해가 되지 않지만, 일상생활에서 호오포노포노 암시문을 되뇜으로써 실제로 큰 효과를 보았다. 나는 주변 사람들과 충돌이 생겼을 때나 업무에 어떠한 문제가 발생했을 때, 호오포노포노 암시문을 되뇌었고, 신기하게도 눈앞의 문제가 해결되는 것을 자주 경험했다.

호오포노포노 암시문이 어떠한 방식으로 문제를 해결해주는지 저자가 이해한 것을 적음으로써 여러분들의 이해를 돕고자 한다.

첫 번째로 호오포노포노 암시문을 되뇌는 것은 자신의 마음을 편안한 상태로 만들어주고, 이 상태가 편안한 표정을 짓게 해줌으로써 사람들과의 충돌이 해결될 수 있다.

두 번째, 〈호킨스 박사님의 마지막 역작《놓아버림》〉에서 이야기했듯이 마음이 편해지면서 심장박동이 더 안정된 파장을 내보내고 이러한 파장을 사람들이 느낄 수 있다.

세 번째, 암시문을 되뇌면서 자신의 마음이 편해지고 업무를 하면서 이전에는 보지 못했던 긍정적인 면을 볼 수 있게 되어 문제를 해결하게 해준다.

하여튼 호오포노포노 암시문은 나의 문제들을 해결해주었을 뿐만 아니라, 호오포노포노의 비밀의 독자들 그리고 400년에 걸쳐서 하와이인들의 문제를 해결해주었다. 이 정도 숫자의 사람들이 도움을 받았다면 여러분들에게도 도움이 되지 않겠는가? 그냥 생각날 때마다 마음속으로 되뇌어 보라. '미안합니다. 용서해주세요. 고맙습니다. 사랑합니다.' 여러분들이 고민하고 있던 일들이 어느 순간 해결되는 것을 경험할 수 있을 것이다.

우리를 움직이는 조종사, 신념

한 아이가 태어날 때 이 아이에게 '금기어'를 정해주는 아프리카 원주민들이 있었다. 이 금기어는 아이의 아버지가 술에 취한 상태로 말한 단어로 정해져 버리는데, 이 금기어와 관련된 일이 발생하면 그 사람이 실제로 죽게 된다고 한다. 예를 들어서 아이가 태어날 때, 아버지가 술에 취한 상태에서 "왼쪽 어깨!"라고 말하면, 아이의 왼쪽 어깨가 금기어가 되어 이 아이의 '왼쪽 어깨'에 어떠한 충격이 가해지면 죽는 것이다.

다른 예로 어떠한 아기가 태어날 때, '바나나'가 금기어로 정해졌다. 그래서 그 사람은 바나나를 피하면서 바나나가 아닌 다른 음식을 먹으면서 살아가고 있었다. 그러던 어느 날, 바나나가 아닌 다른 음식을 먹게 되었고 그 음식이 바나나 요리를 한 냄비를 씻지 않고 만든 음식이라는 사실을 듣게 된다. 그러자 갑자기 그 원주민은 새파랗게 질린 얼굴로 경련을 일으키며 쓰러졌고, 이후에 어떠한 치료에도 불구하고 죽어버린 것이다. 이는《커피 한 잔의 명상으로 10억을 번 사람들(오사마 준이치 저)》에 수록된 사례로, 아프리카에서 의료봉사를 하셨던 슈바이처 박사를 통해 전해졌던 사례이다.

이와 같은 사례는 어떻게 보면 말도 안 되는 일이다. 그러나 우리들의 뇌의 작동 기제인 '항상성'을 살펴보면 이러한 사례가 실제로 일어날 수밖에 없는 일이라는 것을 잘 알 수 있다.

우리들의 몸은 우리들의 생존에 이롭도록 아주 정확하게 잘 작동한다. 분당 60~100회의 이완과 수축을 반복하는 심장은 혈액을 온몸으로 보내어 우리들의 세포가 혈액을 통해 영양소를 공급받고, 노폐물을 제대로 내보낼 수 있도록 한다. 음식물을 소화하는 기능을 하는 '위'는 우리가 단백질을 섭취했을 때, 적당량의 위산을 내뿜으면서 짧게는 40분, 길게는 수 시간 소화 작용을 한다.

그리고 우리들의 뇌는 이렇게 우리들의 몸이 건강한 상태로 유지될 수 있도록 '항상성'을 발휘한다. 외적 및 내적인 여러 가지 변화 속에서도 우리 몸이 정상적인 형태적, 생리적 상태로 유지할 수 있도록 하는 것이다.

예를 들어서, 우리가 너무 뜨거운 곳에 간다면 우리들의 뇌는 피부 세포에게 땀을 배출시키도록 함으로써 땀이 증발하고 열을 낮출 수 있도록 한다. 또한 우리가 탄수화물 등을 섭취해 우리 몸에 당이 쌓이면 우리들의 뇌는 인슐린을 분비함으로써 우리 혈액 속에 적절한 혈당 수치를 유지할 수 있도록 한다. 그런데 만약, '항상성' 유지를 잘 못하게 되면 당뇨병과 같은 질환이 발병하는 것이다.

이때 우리가 주목해야 할 뇌의 특징이 있다. 바로, 우리의 뇌는 상상과 현실을 구분하지 못한다는 것이다. 그래서 우리가 실제로 레몬을 먹었을 때도 입에서 침이 나오지만, 우리가 상상으로 레몬을 먹는 장면을 상상하는 것만으로도 침이 나오는 것이다. 그럼 우리의 상상만으로도 병이 걸릴 수 있을까? 답은 '그렇다'이다.

앤서니 라빈스의 책《네 안에 잠든 거인을 깨워라》에 보면 신체는 건강하지만, 다중인격을 가졌던 한 여성의 사례가 나온다. 이 여성에게는 다양한 인격이 있어서 어떠할 때는 여성처럼 행동했다가, 어떠할 때는 남성처럼 행동하곤 했다. 그리고 이 여성이 자신이 당뇨병에 걸린 남자라고 믿기 시작한 이후로, 이 여성의 뇌는 인슐린을 적게 분비하기 시작했고, 실제로 당뇨병이 걸렸다.

이렇게 신념이 우리에게 영향을 미치는 것은 비단, 신체에 국한되지 않는다. 우리들의 외부환경에도 직접적인 영향을 미친다. 우리들은 이미 우리들의 신념에 의해 살아오고 있다. 어린 시절부터 '거짓말은 나쁜 행동이야'라는 신념을 교육받은 사람들은 실제로 거짓말을 하지 않고 살아가려고 한다.

어린 시절부터 "네가 무엇을 하겠니? 나중에 교도소에나 들락날락하겠지"라는 말을 들으면서 이러한 신념이 쌓인 청소년은 실제로 범법자가 되어 교도소를 전전한다.

이와 반대로, 어린 시절부터 "넌 큰 사람이 될 거야", "너는 아주 훌륭한 사람이 될 거야"라는 말을 들으면서 이러한 신념이 쌓인 청소년은 어른이 되어서 실제로 성공을 한다. 그래서 우리들은 좋은 신념을 장착해야 한다. 만약, 어린 시절부터 어른들에게 좋은 이야기를 듣지 못했다면 나 스스로라도 좋은 신념을 쌓아야 한다.

저자도 신념의 중요성을 너무도 잘 알기에 나에게 중요한 신념 목록을 가지고 있다. 그중 몇 가지를 소개하고자 한다.

'내 눈앞의 현실은 모두 내가 만들었다.'

이는 우리 삶의 아주 중요한 원칙인 '인과因果'를 설명하는 것이다. 우리가 콩을 얻고 싶으면 콩을 심어야 하고, 우리가 팥을 얻고 싶으면 팥을 심어야 한다. 우리가 콩을 심지도 않고, 밭에서 콩이 나오기를 바란다면 누구든 그 사람의 정신이 온전하다고 보지 않을 것이다. 우리의 삶도 마찬가지이다. 내가 성공을 원하면 우리에게 성공을 가져다주는 행동을 해야 한다.

우리가 매일 TV를 시청하고, 게임만 하면서 어른이 되어서 성공을 바라는 것은 세상의 원칙에 어긋나는 행동이다. 너무 차갑게 들릴지 모르겠다. 그러나 세상은 그러하다. 그리고 이러한 신념을 가지고 살아간다면 우리에게는 더 좋다. 우리가 어떠한 것을 얻고 싶으면 그에 해당하는 행동을 하면 되기 때문이다.

'지금, 이 순간이 제일 중요하다.'

우리들의 시간을 삼등분 한다면, 과거, 현재, 미래로 나눌 수 있을 것이다. 물론, 이 3가지 모두 다 중요하지만, 그중에서도 가장 중요한 것은 바로 '지금'이다. 과거는 지나갔고, 미래는 아직 오지 않았다. 우리가 바꿀 수 있는 것은 오직 현재뿐이다. 그런데, 사람들은 이를 잊고 사는 듯하다. "내가 말이야, 과거에는 장난 아니었어"라고 말하며 과거에 빠져 사는 사람들이 있는가 하면, "나는 미래에 어차피 이렇게 살게 되니까, 지금은 상관없어"라며, 미래에 빠져 사는 사람들이 있다.

그러나 현재가 있어야 미래도 있다. 내가 사랑하는 사람에게 나중에 사랑한다고 말하기보다 지금 사랑한다고 말해야 한다. 나중에 '열심히 공부해야지'라고 하는 것보다, 지금 한 페이지라도 공부하는 것이 좋다. 우리는 지금 할 수 있는 것에 집중해야 한다. 이렇게 현재에 집중하며 산다면 여러분들의 미래가 눈부시다는 것은 자명한 사실이다.이 외에도 좋은 신념은 너무도 많다. 이러한 신념은 우리들의 삶에 아주 좋은 영향을 미친다. 미국의 자동차 왕 헨리 포드는 다음과 같은 말을 했다.

Whether you think you can or you can't, either way you're right.
당신이 할 수 있다고 생각하든지, 할 수 없다고 생각하든지 둘 다 옳다.

수많은 신념 중에 여러분들에게 좋은 신념을 장착해 여러분들이 이루고 싶은 것도 모두 이루고, 행복한 삶을 살 수 있기를 바란다.

3장

선생님이 꼭 해주고 싶은
심리학 이야기

[성공 편]

적어라! 그러면 이루어질 것이다!!

"자네는 내 직장 생활에서 가장 큰 오점이야. 오늘 자로 자네는 해고라네. 20분 내로 책상을 비워주게."

다른 사람들에 비해서 절반의 월급밖에 받지 못하면서 6년간 아홉 개의 직장에서 사표를 쓰거나 해고를 당해야 했던 한 남자가 있었다. 남자는 절망했다. 사랑하는 사람과 결혼을 한 후, 아이가 태어나 이 아이에게만큼은 뭐든지 다 해주고 싶었으나 현실은 이와 같았다.

그런데 남자는 후에 포춘 500대 기업으로도 선정이 된 기업을 설립하고, 세계적인 베스트셀러를 저술하고 억만장자가 되어 사람들에게 성공과 관련한 강연을 하는 강연가로도 활동하게 되었다. 남자의 이름은 '아메리칸 텔래캐스트'의 대표 스티븐 스콧이다. 이전에는 가는 곳마다 해고를 당했던 스티븐 스콧이 어떻게 이러한 성공을 이루어 낼 수 있었을까? 바로, 자신의 목표를 종이에 적었다.

1953년 대학교 졸업생들을 대상으로 이들이 25년 뒤인 1978년에 어떻게 살아가고 있는지 추적 연구가 진행되었다. 결과는 아주 흥미로웠다. 1953년 당시 지능지수, 학력, 성장배경이 비슷했던 졸업생들은 각기 다른 삶을 살고 있었다. 졸업생 중 27%는 빈곤층, 60%는 서민층, 10%는 중상위층, 3%는 사회 각계의 최고 인사가 되어 있었다. 그럼 25년 동안 무슨 일이 있었기에 이들의 삶에 많은 차이가 난 것일까?

차이는 바로 계획과 목표를 종이에 적어 놓았는지 여부였다. 빈곤층이었던 27%의 사람들은 내일 무엇을 할 것인지, 일주일 뒤에 무엇을 할 것인지와 관련한 계획이 없었다. 쉽게 말해서 그냥 아무 생각 없이 살았다. 서민층이었던 60%의 사람들은 계획이 있었지만, 목표가 없었다. 여기서 계획과 목표는 다르다. 계획은 단기적인 기간, 오늘이나 일주일 뒤, 한 달 뒤에 할 것들에 대해 미리 준비하는 것이지만 목표는 5년 뒤, 10년 뒤와 같이 오랜 기간을 두고 준비를 하는 것을 의미한다.

중·상위층 이었던 10%의 사람들은 목표가 있었다. 그런데 목표를 '문서화'시키지 않았다. 목표가 있긴 했지만, 생각으로만 하고 있었고, 이를 글로 써두지 않은 것이다. 물론, 목표나 계획이 아예 없는 사람들보다는 훌륭하지만 그래도 목표를 문서화시킨 사람들과 비교했을 때, 후의 결과는 너무나 많은 차이가 났다.

목표를 문서화시켰던 3%의 사람들은 사회 각계의 최고 인사가 되어있었다. 혹시 주변의 친구 중에 책상에 '모의고사 2등급 맞기!'나 '변호사 되기!' 등의 문구를 써서 붙여놓은 친구들을 떠올리면 될 것이다. 돈으로 이들을 비교하는 것이 좀 그렇지만, 이 목표를 문서화 시켰던 3% 최고 인사들의 재산이 나머지 97%의 사람들 재산을 다 합친 것에 10배를 축적했다고 하니 그 차이가 어마어마하다고 할 수 있겠다. 이는 차동엽 신부님의 책《무지개 원리》에 나오는 내용이다.

'아메리칸 텔레캐스트' 대표 스티브 스콧과 연구대상 중 사회 각 계의 최고 인사는 자신들의 목표를 종이에 적었다. 그리고 성공했다. 사실 이렇게 자신이 원하는 것을 글로 적고 이를 달성한 사례는 차고 넘친다.

《당신의 꿈은 무엇입니까》,《멈추지 마, 다시 꿈부터 써봐》,《꿈을 요리하는 마법 카페》등 다수의 책을 집필하고, 기업, 학교 재단 등을 대상으로 컨설팅 및 교육 사업을 하는 '꿈꾸는 지구'의 대표이기도 한 김수영 작가도 자신이 원하는 것을 글로 적어서 현재의 성공을 이뤄낸 대표적인 사례이다.

그러나 김수영 작가의 유년 시절은 녹록지 않았다. 가정상황은 몸이 편찮으신 아버지 때문에 경제적으로 어려운 상황이었고, 학교생활에 적응하지 못했던 김수영 작가는 중학교 3학년 때 가출을 하며, 폭주족 활동을 하기도 했었다. 김수영 작가는 그때를 떠올리면서 이런 표현을 했다.

"중학교 3학년 때는 걷잡을 수가 없었죠. '다들 나를 포기했구나' 라는 생각을 했고, 정말 잃을 게 없는 상황이었죠."

이러한 상황이었던 김수영 작가가 변화하기 시작한 것은 17살부터였다. 우연히 이스라엘과 팔레스타인 전쟁으로 인해 많은 사망자가 발생했다는 신문 기사를 보고, "나만 힘들게 사는 줄 알았는데, 이 세상에는 생사를 오가는 사람도 있구나"라는 생각이 들었고, 넓은 세상의 소식을 전하는 기자가 되는 목표가 생긴 것이었다.

김수영 작가는 달라졌다. 문제집 살 돈이 없어서 남들이 버린 문제집을 주워서 지우개로 지워 보면서 공부했고, 졸릴 땐 얼음물에 발을 담그며 공부했다. 이후, 김수영 작가는 고등학교 시절 첫 번째 중간고사에서 전교 1등을, 여상 최초 도전 골든벨 우승, 연세대 합격, 그리고 세계적인 투자은행 골드만 삭스에 입사하게 된다.

더 극적인 일은 김수영 작가가 골드만 삭스에서 일을 하던 25살 때 일어났다. 김수영 작가가 암에 걸린 것이었다. 이때 정말로 자신이 죽을 수도 있겠다고 생각한 김수영 작가는 '내가 죽기 전에 이루고 싶은 것을 글로 써보자'는 생각을 했다. 바로 '버킷리스트(죽기 전에 이루고 싶은 목표 목록)'를 작성하기 시작한 것이었다.

김수영 작가는 73가지의 버킷리스트를 적었다. '부모님 집 사드리기', '부모님 해외여행 시켜드리기' 등 김수영 작가는 자신이 꿈꾸는 일들을 하나씩 이루어가기 시작했다. 이 기사가 발표되었을 때 당시, 김수영 작가는 목표 중 33가지를 달성했으니, 현재는 더 많은 목표를 달성했을 것이다. 여기서 중요한 것은 김수영 작가가 목표를 글로 적었다는 점이다.

이제 또 하나의 사례를 소개하고자 한다. 바로 저자의 사례다. [그림 15]는 저자가 대학원 시절 그리고 직장에 다니면서 적었던 것들

이다.

 왼쪽 사진은 이사과정에서 물에 젖어 무슨 유물같이 생겼지만 내가 2014년부터 2016년까지의 대학원 시절에 내 책상에 항상 깔아놓고 생활했던 깔판이다. 보면 내가 대학원 입학 당시 이루고 싶었던 목표와 여러 명언들이 적혀 있다. 이때 당시에는 심리상담사가 되고, 해외 유학에 가는 것을 꿈꾸고 있었던 때이기 때문에 '매일 마음공부를 해 세상의 행복에 기여하는 삶 살기', '2016년 4월 미국대학교 박사과정 입학' 등의 목표가 적혀있다.

 오른쪽 사진은 2016년 2월에 내가 청소년 상담사로 상담센터에 입사하고 몇 개월 되지 않았을 때 작성하고 방에 붙여놓았던 목표 리스트이다. 보면, 대학원 시절 때 작성한 왼쪽의 목표와 많이 달라진 것을 알 수 있다. '2016년 12월까지 1,500만 원 모으기', '상담심리사 2급' 및 '청소년 상담사 2급' 취득하기와 같이 조금 더 구체적인 목표가 기록되어 있다.

여기서 주목할 부분이 있다. 바로, 내가 적은 목표 중 70%를 이루었다는 것이다. "뭐야……30%는 달성이 되지 않았잖아?"라고 하며 내가 실망했을까? 아니다. 내가 적었던 70%의 목표가 이루어지지 않았는가? 만약, 그때 당시 이러한 목표를 적어놓지 않았다면, 나의 목표 달성률은 더 떨어졌을 것이다.

그래서 난 내가 상담했던 청소년들이 성공하기를 바라는 마음에 많은 청소년들에게 목표 적기를 제안해왔다. 그런데 참으로 안타깝게도 많은 청소년이 목표 적기를 어려워했다. 종이에 목표를 적는다고 해서 돈이 드는 것도 아닌데 말이다. 이는 이들이 목표에 대해서 잘 생각해보지 않았기 때문이기도 하지만, 자신이 막상 '그 목표를 달성할 수 있을까?' 하는 의심이 들어서이기도 하다.

그 마음 이해한다. 그래도 밑져야 본전이니 종이에 목표를 적어보기 바란다. 적었는데 이루어지지 않으면 어떤가? 실망감을 경험할 것 같은가? 그러나 목표를 적고 지나고 보면 알겠지만, 여러분들은 실망감보다 더 큰 성취감을 맛볼 것이다.

지금 당장 아래의 종이 〔그림 16〕에 당신의 목표를 써라. '이따가 써야지' 하지 마라. 지금 안 쓰면 까먹고 안 쓰게 된다. 하나님께서 여러분이 말하는 대로 다 들어주기로 약속하셨다고 생각하고, 생각이 나는 대로 다 적어봐라. 조금 허황한 목표도 상관없다. '부자 되기', '해외여행 가기' 등 생각나는 대로 적어봐라.

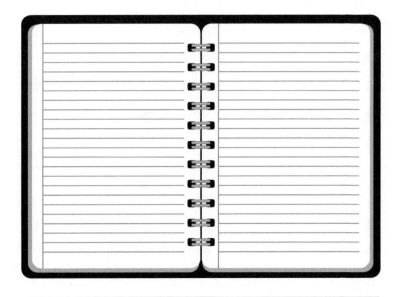

그리고 당신의 목표를 조금 더 구체화 시켜보라. '부자 되기'라고 썼다면, 당신이 어느 정도 금액이 있어야 부자라고 생각하는지 그 금액을 적어라. 만약, 당신이 10억 원 정도가 있어야 부자라고 생각하면, '부자 되기'를 '10억 원 벌기'로 적어라. 그리고 중요한 부분이 '달성하고자 하는 기한'을 함께 적는 것이다.

예를 들어 '내가 30살이 되는 0000년까지 10억 원 벌기' 이렇게 적을 수 있겠다. 그러면 이 10억 원을 벌기 위해 당신이 해야 하는 세부 계획들이 필요하다. 고등학교를 졸업하자마자 사업을 차려서 이 목표를 달성할 수도 있겠고, 일단, 대학교에 들어가서 취업을 한 이후에 이 목표를 달성할 수도 있다. 그리고 이렇게 적은 것을 깔끔하게 정리하고 코팅을 해서 방에 붙여놓아라. 그러면 위의 소개한 연구 및 김수영 작가의 사례 이외의 다른 성공한 사람들처럼 당신도 당신의 목표를 이룰 수 있을 것이다.

앤드류 카네기는 인류 역사상 세 손가락 안에 드는 부자로 알려져 있다. 그는 죽을 때까지 약 3억 5000만 달러를 기부했는데, 오늘날의 가치로 환산하면 769억 달러(한화 약 86조 7,509억)에 이른다. 이 돈이 얼마나 많은 돈인지 쉽게 설명하자면, 1채에 30억 정도 하는 강남 압구정동 강변의 아파트를 30,000채 정도 살 수 있는 금액이라고 생각하면 된다. 실로 어마어마한 부자였다.

앤드류 카네기는 어떻게 이러한 부자가 될 수 있었을까? 이지성 작가의 책《꿈꾸는 다락방》에 보면 이와 관련한 앤드류 카네기의 일화가 수록되어있어 소개하고자 한다. 앤드류 카네기는 위와 같이 부자였지만, 그의 시작은 그리 녹록지 않았다. 그의 첫 회사는 면직물을 만드는 공장이었다. 그는 온 종일 일을 하면서 월급으로 4달러 80센트를 받았다. 그러나 앤드류 카네기는 자신의 목표를 종이에 적고 성공했다. 다음은 앤드류 카네기가 실천했던 '6가지 원칙'이다.

1. 원하는 돈의 액수를 명확히 정한다.
2. 그 돈을 얻기 위해서 무엇을 할 것인가를 결정한다.
3. 그 돈이 내 손에 들어오는 날짜를 분명히 정한다.

4. 그 돈을 벌기 위한 상세한 계획을 세우고 즉시 행동에 들어간다.

5. 위의 4가지 원칙을 종이에 적는다.

6. 종이에 적은 것들을 매일 아침 그리고 밤에 잠들기 전에 큰소리로 읽는다.

앤드류 카네기는 사람들이 부자가 되었으면 좋겠다는 마음으로 이와 같은 6가지 원칙을 세상에 발표했다. 그러나 사람들은 이를 비웃었다. 카네기의 성공에 비해 너무 하찮은 방법이라는 생각이 들었기 때문이다. 그러나 카네기의 친인척들은 카네기의 원칙을 진지하게 받아들였다. 왜냐하면 그들은 카네기가 실제로, 이 원칙을 통해서 부자가 되는 과정을 옆에서 지켜볼 수 있었기 때문이다. 그리고 얼마 지나지 않아 카네기의 친인척들은 모두 억만장자가 되었다.

이러한 성공사례는 이지성 작가의 《꿈꾸는 다락방》에 더 많이 실려 있으니 이 책도 꼭 읽어보기를 바란다.

성공하려면 무조건 따라 해라?!!

10평이 안 되는 아파트에 살면서 부엌에 싱크대가 없어서 욕조에서 설거지해야 했던 22살의 청년이 있었다. 그런데, 이 청년은 3년 후인 25살에 기업 임원들을 교육하고, 공포증 환자에서부터 학습 장애아 그리고 대통령까지 상담할 정도로 성공을 한다. 이후, 30여 년간 수많은 대중 강연과 교육프로그램을 통해 무수한 사람들의 삶을 변화시켰고, '세계에서 가장 뛰어난 인물 10인'으로도 선정이 된 이 사람의 이름은 앤서니 라빈스이다.

그렇다면 앤서니 라빈스가 무수한 기업을 포함해서 대통령에게까지 교육한 내용은 어떠한 내용일까? 얼마나 효과적인 내용이기에 그 많은 사람이 앤서니 라빈스를 찾았을까? 우리는 이 답을 앤서니 라빈스의 책《거인의 힘, 무한능력》에서 찾을 수 있다. 앤서니 라빈스의 여러 성공적인 교육 사례 중, 한 사례를 보자.

앤서니 라빈스는 육군 병사들을 대상으로 교육을 진행하기도 했다. 당시, 미 육군 병사들의 45구경 권총 술의 평균 합격률은 70%에 불가했는데, 앤서니 라빈스의 이틀 간의 교육 기간을 통해, 100%가 합격할 수 있도록 도왔다. 이때 앤서니 라빈스가 사용했던 교육 내용이 '본받기Modeling'였다. 쉽게 말해 '따라 하기'였다.

그럼 사격을 잘하려면 누구를 따라 해야 할까? 그렇다. 당연히 사격을 잘하는 사람을 따라 해야 한다. 이에, 앤서니 라빈스는 이 교육을 계획할 때 먼저 이 부대에서 가장 사격을 잘하는 사람을 모집했다. 그리고 이들의 특성을 파악했다. 이들이 어떠한 마음가짐을 가지고 어떠한 행동을 하는지 말이다. 그리고 이 결과를 처음 사격 훈련을 받는 신병들에게 똑같이 적용했다. 그랬더니, 단 이틀 만에 100%의 신병이 사격시험에 합격한 것이다.

〈프롤로그〉에서 소개했던 세계적인 강연가 브라이언 트레이시도 '본받기'를 강조한다. 집이 없어서 길에서 노숙 생활까지 하며 비참한 삶을 살았던 브라이언 트레이시도 '본받기'를 통해 삶이 변화되기 시작했기 때문이다.

노숙 생활을 정리하고 브라이언 트레이시가 시작한 첫 직업은 세일즈맨이었다. 그러던 중, 브라이언 트레이시는 이상한 것을 발견했다. 똑같은 시간을 일하는데 어떤 세일즈맨은 판매실적이 저조하고, 어떤 세일즈맨은 탁월한 판매실적을 내면서 성공한 삶을 사는 것이었다.

이에 브라이언 트레이시는 회사에서 가장 판매실적이 좋고 성공한 세일즈맨을 무작정 찾아갔다. 그리고 그에게 노하우를 물었다. 다행히도 성공한 세일즈맨은 브라이언 트레이시에게 노하우를 알려줬고, 브라이언 트레이시는 그가 알려 준 대로 실천하기 시작했다. 본받기를 한 것이다.

결과가 어떻게 되었을까? 브라이언 트레이시는 성공한 세일즈맨이 알려준 그대로 따라 했고, 회사에서 세일즈 매니저로서 직원들에게 세일즈 교육을 할 정도로 성공을 하게 된다. 더 놀라운 것은 이후, 브라이언 트레이시가 백만장자가 된 것은 물론, 브라이언 트레이시가 가르쳤던 직원들도 다 백만장자가 되었다.

이 사람들은 무언가 특별한 사람들이어서 본받기 방법을 알고 잘 사용한 것처럼 보이는가? 그렇지 않다. 사실 본받기는 우리 모두에

〔그림 17〕

출처 :
Wikimedia Commons/Okhanm

게 내재해 있는 하나의 본능이라고 볼 수 있다. 누구나 가지고 있는 브레인 시스템이라고나 할 수 있겠다.

앨버트 반두라는 '사회학습이론'을 주창한 미국의 심리학자이다. 앨버트 반두라는 1963년 [그림 17]과 같은 실험을 했는데, 4세의 아동들을 A, B, C로 세 집단으로 나누어 동영상을 보여주었다. 이 동영상의 내용은 한 여성 모델이 인형을 넘어뜨리고, 그 위에 타고 앉아서 "코 한 방 먹어라, 퍽!", "누워 있어!" 등과 같이 소리치며 주먹질을 하는 내용이다. 그리고 이 동영상 내용의 끝부분만 편집해서 세 집단의 아동들에게 다르게 보여주었다.

A 집단의 아동들에게는 동영상 끝 장면에 이 여성 모델이 다른 사람들에게 "강한 챔피언"이라는 칭찬을 받고, 초콜릿 음료수를 받는 장면을 보여주었다. B 집단의 아동들에게는 사람들이 "깡패"라고 욕하며 이 여성을 때려주어 겁을 먹도록 하는 영상을 보여주었다. C 집단의 아동들에게는 이 여성이 어떠한 일도 일어나지 않는 중립적인 영상을 보여주었다. 그리고 나서 아이들에게 실제 이 인형이 있는 방에 들어가게 했다. 그 결과 아이들은 어떠한 반응을 보였을까?

A, B, C 세 집단의 아동들은 다르게 행동했다. 공격적인 모습이 칭찬을 받는 모습을 본 A 집단 아동들은 공격적으로 행동했다. 공격적인 모습이 처벌을 받는 모습을 본 B 집단 아동들은 공격적인 행동이 가장 적었다. 아무 일도 일어나지 않은 중립적인 영상을 보여준 C 집단 아동들의 공격성은 중간 정도였다. 너무도 당연한 결과라고 느

낄 수 있을 것이다. 왜냐하면 우리들 자신도 이미 부모님들을 보면서, 친구들을 보면서, 선생님을 보면서 우리가 어떻게 행동해야 할지 선택하기 때문이다.

이렇게 우리의 내면에는 상대에게서 배우고자 하는 본능이 있다. 그러나 일반 사람들은 이를 잘 활용하지 않는 것 같다. 이와 달리 성공한 사람들은 자신보다 더 성공한 사람들을 찾아다니면서 그 사람들의 성공 노하우를 배운다.

세계 2위 자산가(2018년 기준 88조 원 정도의 자산보유), 투자의 달인 워랜버핏은 자신과 점심 식사 한 끼를 같이하는 것을 경매에 내놓는다. 그리고 사람들은 워랜버핏과 점심 식사 한 끼를 같이 하기 위해 38억이라는 돈을 낸다. 그냥 같이 점심 식사 한번 하는데 말이다. "무슨 밥 한번 같이 먹는데 38억씩이나 받고, 내? 둘 다 미친 것 같은데?"라는 생각이 들 수는 있지만, 이는 앞을 내다보지 못하는 생각이다.

세계적인 투자가 워랜버핏과 밥을 함께 먹으면서 38억의 돈을 낸 사람은 워랜버핏이 앞으로 어느 회사에 투자할지에 대한 정보를 얻을 수 있다. 그리고 이는 38억의 몇 배가되는 수익을 발생시킬 수 있다. 이 때문에 38억을 내면서 워랜버핏과 점심 식사를 함께 하고자 하는 것이다. 그리고 워랜버핏은 이 금액을 전액 기부한다.

'부자가 되려면 부자들과 친해져야 한다는 말'이 있다. 부자들과 친해지면 그들이 어떻게 돈을 벌고 있는지, 그들이 어떠한 생각을 하는지 등을 곁에서 배울 수 있고 어느새 자신도 그들처럼 부자가 될 가능성이 높아지기 때문이다.

"전 부자나 성공한 사람이 주변에 없는데요?"라고 말하는 청소년이 있을지 모르겠다. 그렇다. 주변에 부자이거나 성공한 사람이 없을 수 있다. 그러나 우리는 성공한 사람들을 찾아서 만나러 갈 수는 있다.

《우유곽 대학을 빌려드립니다》의 저자 최영환 대표는 '본받기'를 잘 활용한 사람이다. 최영환 대표는 군 복무 시절 자신이 만나고 싶었던 명사들에게 우유곽에 편지를 써서 무작정 인터뷰 요청을 했고, 이에 응한 영화배우 안성기, 박원순 서울시장(당시 희망제작소 상임이사), 신호범 미국 워싱턴주 상원의원 등의 당대 최고의 유명인사들을 만날 수 있었다. 그리고 최영환 대표는 현재 '엠트리'라는 자선단체 대표를 맡고 있다.

혹 성공한 사람들을 직접 찾아가기에는 여건이 되지 않는 사람이 있을 수 있다. 그러한 분들에게는 1장 〈진로를 어떻게 정해야 할지 모르겠어요〉에서 강조한 간접경험 방법을 추천한다. 우리는 성공한 사람들이 강연하는 영상을 유튜브 채널을 이용해서 언제 어디서든지 무료로 이용할 수 있다.

그리고 우리는 성공한 사람들이 쓴 책을 읽을 수 있다. 이는 적은 비용을 투자하면서 큰 이득을 얻을 수 있는 아주 효율적인 방법이다. 우리는 성공한 사람들이 몇 십 년에 걸쳐서 체득한 노하우를 영상과 책을 통해서 단 몇 시간 만에 배울 수 있다.

실제로 이러한 '본받기'의 효과를 아주 잘 나타내어 주는 것이 바로, 스포츠 분야이다. 세계적인 저널 《포춘》의 편집장인 제프 콜빈의 책 《재능은 어떻게 단련되는가?》에 보면 이러한 사례를 잘 설명해주고 있다.

이 책에 따르면, 1908년 남자 200m 달리기 우승자 기록은 22.6초였는데, 이는 요즘 고등학생들의 200m 달리기 기록보다 2초가 느린 속도이다. 또한 1908년 마라톤 금메달 수상자의 기록은 요즘 고등학생들의 최고 기록보다 20분이나 뒤처진다. 게다가 1924년 파리 올림픽에서는 다이빙 종목의 공중 2회전 기술이 너무 위험하다는 이유로 금지될 위기에 처했지만, 오늘날에 공중 2회전 기술은 시시한 기술로 치부된다. 이는 바로 세대를 거듭할수록, 한 세대는 윗세대를 본받으면서 배울 점은 배우고, 수정할 점은 고치면서 더 효율적인 연습방법을 터득했기 때문이다.

따라서 우리도 우리가 되고 싶어 하는, 우리가 존경하는 사람들에게 배우자. 그들의 생각, 그들의 행동, 습관 등을 배우자. 그리고 이를 똑같이 활용해보기도 하고, 나만의 방법으로 바꾸기도 해보자. 그러면 여러분들은 분명 성공한 사람들처럼 될 수 있을 것이고 더 나아가서 이들을 능가하는 사람이 될 수 있을 것이다.

알면 알수록 놀라운, 긍정의 힘

조선을 건국한 태조 이성계가 무학대사에게 농담을 했다.

"무학대사, 대사는 꼭 돼지 같소."

그러자 무학대사가 대답했다.

"전하, 전하는 부처님 같사옵니다."

이성계가 물었다.

"나는 대사에게 욕을 했는데, 대사는 어찌 나를 칭찬하시오?"

무학대사가 대답했다.

"돼지 눈에는 돼지만 보이고, 부처 눈에는 부처님만 보이는 법이지요."

이는 태조 이성계와 무학대사가 나누었던 대화로 알려진 설화이다. 그러나 이 이야기를 뇌 과학의 측면에서 보면 굉장히 과학적인 이야기라는 것을 알 수 있다.

우리는 정보의 홍수 속에서 살아간다. 매 순간 주변에서 우리에게 혼재해 있는 수많은 정보의 양을 우리들의 뇌는 필요한 부분만 받아들인다. 많은 양의 정보 중, 우리에게 필요한 정보라고 생각되는 정보만을 취사선택 하는 것이다.

그래서 우리는 우리가 관심 있는 것, 우리가 옳다고 생각하는 것들 위주로 정보를 받아들이게 된다. 예를 들어서 여러분들도 스마트폰을 사고 싶을 때는 주변 친구들의 스마트 폰이 유독 눈에 많이 들어오고, 신발을 사려고 하면 주변 친구들의 신발만 눈에 들어오는 경험을 해보았을 것이다.

그럼, 여기서 질문을 하나 해보겠다. 여러분들 생각에 긍정적인 생각을 많이 하는 사람과 부정적인 생각을 많이 하는 사람 중 누가 성공할 확률이 높다고 생각하는가? 다양한 의견이 나올 수 있지만, 답

〔그림 18〕

출처
© Marie-Lan Nguyen / Wikimedia Commons /
CC-BY 3.0

은 긍정적인 생각을 많이 하는 사람이다. 왜냐하면 긍정적으로 생각하는 사람들은 긍정적인 것들만 눈에 들어와서 성공할 확률이 높아지지만, 부정적으로 생각하는 사람들은 부정적인 것들만 눈에 들어와서 실패할 확률이 높다.

2016년 리우올림픽 펜싱 에페 개인전 결승 마지막 세트. 15점을 먼저 얻으면 이기는 펜싱 게임에서 우리나라 박상영 선수는 헝가리 게저 임레 선수에게 13:9로 뒤지고 있었다. 모두가 승부를 뒤집기에는 늦었다고 생각한 그때, 관중석에서 큰 목소리가 들려왔다.

"할 수 있다!"

기가 죽어있던 관중석을 일깨워주는 외침이었다. 그리고 이 응원이 박상영 선수에게도 전달이 되었는지 박상영 선수는 되뇌기 시작했다.

"할 수 있다. 할 수 있다. 할 수 있다. 할 수 있다."

점수는 변화하기 시작했다. 박상영 선수는 게저 임레 선수를 14:10으로 쫓아가더니, 한 점만 내면 되는 게저 임레 선수를 상대로 연속해서 5점을 득점하고 금메달을 차지하게 된 것이다. 경기를 지켜보던 한국 관중들은 환호성을 질렀다. 지금 다시 그때의 영상을 보아도 눈시울이 뜨거워지는데, 아마 이 경기를 리우올림픽 당시에 본 사람들은 모두 감격의 눈물을 흘렸을 것이다.

이렇게 세계 최고 펜싱선수가 된 박상영 선수도 어린 시절 가정형편이 넉넉지는 않았다. 부모님 사업이 어려워지면서 돌파구가 필요해 펜싱을 시작했고, 어려운 가정형편에 고등학교 때까지 개인장비 하나 구입하지 못하고 항상 남이 쓰던 것을 쓰곤 했다. 그러나 이러한 가정형편도 박상영 선수의 열정을 가로막지 못했다.

중학생 시절 박상영 선수는 너무 지독하게 몸이 다 지칠 때까지 운동을 해야지 운동을 멈출 정도로 열심히 운동해서 코치들이 오히려 운동을 말릴 정도였다고 할 정도였다고 한다. 이러한 끈질긴 노력과 긍정적인 사고가 박상영 선수를 세계 최고 펜싱선수로 만들어 준 것이다.

1794년 이탈리아 의사 게르비Gerbi는 치통을 호소하는 환자들의 이에 벌레의 분비물을 발랐더니 환자의 68%가 1년 동안 치통이 나타나지 않는 것을 발견했다. 그 벌레의 분비물이 치통에 효과가 있다는 과학적 근거는 없었지만, 게르비나 환자 모두 그 벌레의 분비물이 효과가 있을 것이라고 믿었고 실제 효과를 나타낸 것이었다.

이러한 현상을 심리학적 용어로는 '플라시보 효과'라고 말하고, 이 현상은 긍정의 효과를 여실히 보여준다. 이러한 사실들이 알려지면서 플라시보라는 단어는 1800년대 초반부터 사용되기 시작했고 플라시보 효과는 위약僞藥(가짜 약)효과로도 불리는데, 실제로는 아무 효과가 없는 약을 처방받지만 의사가 매우 효과가 있는 약이라고 말을 하면서 처방을 하면 실제로 약 효과가 나타나는 현상을 말하는 것이다. 그리고 이러한 현상은 약물의 효과로만 국한되지 않는다.

1993년, 정형외과 의사인 모즐리 박사는 무릎 관절염을 앓고 있는 환자들을 대상으로 실험을 했다. 관절염을 앓고 있는 환자 중 수술이 필요한 수술 대상자 180명을 추출해서 이들을 A팀, B팀으로 나누어서 A팀에게는 정상적인 수술을 하고, B팀은 수술 흉터만 남는 가짜 수술을 시행한 것이다.

물론, B팀 사람들은 자신들이 무릎 관절염 수술을 받았고 곧 회복하리라 생각했다. 2년 후, 수술 경과를 비교한 두 집단의 실험 결과는 놀라웠다. 진짜 수술을 받았던 A팀과 가짜 수술을 받았던 B팀 모두 정상적인 무릎으로 회복한 것이다. 긍정적인 생각이 이러한 효과를 만들어 낸 것이다.

이외에도 긍정성의 효과를 증명할 사례는 차고 넘친다. 미국의 작가로서 '미국 도서 상', '뉴베리 아너 상', '마가렛 A. 에드워즈 상', '내셔널 휴머니스트 메달' 등을 수상한 매들렌 렝글은 "긍정적인 태

[그림 19]

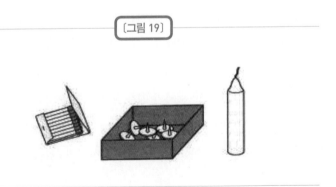

도는 강력한 힘을 갖는다. 그 어느 것도 그것을 막을 수 없다."고 강조했고, 액션 영화배우로서 큰 성공을 거두었던 이소룡은 자신의 부정적인 모습을 종이 위에 그린 후, 그것을 구겨서 불에 태워 재로 날려버리는 등의 부정적 사고를 없애는 훈련을 했다.

인도의 정신적인 지도자이자 제2차 세계대전 후 인도가 독립할 수 있는 기반을 만들었던 마하트마 간디는 "할 수 있다는 믿음을 가지면 그런 능력이 없을지라도 결국에는 할 수 있는 능력을 갖추게 된다"고 했다. 이처럼 성공한 사람들은 긍정을 실천하며 살았다.

그렇다면, '긍정성'은 어떠한 원리로 사람들의 성공을 도울까? 이를 알아보기 위해 한 가지 실험에 대해서 살펴보자. 코넬 대학의 엘리스 아이젠 교수는 '던컨의 촛불 과제'라고 불리는 문제를 학생들에게 제시했다. 먼저, 던컨의 촛불 문제에 대해서 살펴보자.

'던컨의 촛불 문제'는 [그림 19]와 같이 양초, 압정, 성냥을 주면서

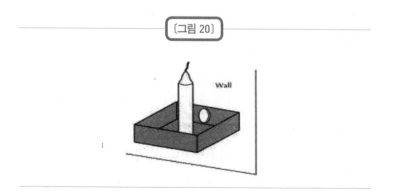

[그림 20]

양초를 벽에 붙이고 불을 붙이되, 촛농이 바닥에 떨어지지 않도록 하는 과제이다. 사실, 이러한 문제는 상식적인 사고로는 풀기가 어려운 문제이다. 여러분들도 한번 풀어보라.

이 문제의 답은 [그림 20]과 같이 벽에 압정 상자를 압정을 통해 고정하고, 상자 위에 양초를 올려놓아 불을 붙이는 것이다. 답을 알고 나니 간단하지 않은가?

엘리스 아이젠 교수는 지능이나 학력이 같은 학생들을 A, B 두 집단으로 나누고 이 문제를 제시했다. 그리고 A 집단 학생들에게는 이 문제를 풀기 전에 5분 동안 코미디 영화를 보여주었다. 학생들은 깔깔대며 즐겁게 영화를 보았다. B 집단 학생들에게는 이와는 반대로 논리적 사고를 자극하는 영화를 보여주었다. 그리고 10 동안 '던컨의 촛불 문제'를 풀도록 했다. 결과는 어떻게 되었을까?

결과는 놀라웠다. 즐겁게 코미디 영화를 보았던 A 집단의 학생들은 75%가 문제를 풀었던 반면, 논리적 사고를 자극하는 영화를 보았던 B 집단의 학생들은 20%만이 문제를 풀었다. 그렇다. A 집단의 학생들은 코미디 영화를 보면서 긍정적 정서를 경험한 뒤, 문제를 풀었고, B 집단의 학생들은 그렇지 않았다.

이렇게 긍정적 정서는 인지능력을 뚜렷하게 향상시킨다. 더해서 많은 연구는 긍정적 정서가 창의성 및 사고의 유연성, 집중력, 기억력까지 증가시킨다고 말한다. 왜 그럴까? 긍정적 정서는 뇌에서 도파민이 분비되도록 자극하기 때문이다. 도파민은 뇌의 다양한 영역을 자극하고 인지능력을 향상시키는 호르몬이다. 이처럼, 긍정성은 우리들의 뇌를 자극하고 우리가 더 성공할 수 있도록 돕는 것이다.

여기서 어떠한 청소년들은 이렇게 질문할지 모르겠다.

"긍정적으로 생각하는 것이 좋은 것은 알겠는데, 마음처럼 잘되지 않아요. 자꾸 부정적인 생각이 들어요."

이러한 청소년들에게는 일단, 위로의 말을 전하고 싶다. 자신이 처한 상황이 너무 고통스럽거나 마음속에 걱정되는 일들이 많아서 그럴 수 있다. 그러나 우리들의 뇌는 근육과 같이 훈련으로 변화시킬 수 있다. 우리가 팔굽혀 펴기를 하면 팔 근육이 강해지듯이, 자주 긍정적인 생각을 하면 우리의 뇌는 긍정적으로 변한다.

〔그림 21〕의 왼쪽 사진은 우리들 뇌를 구성하고 있는 뉴런을 보여준다. 우리들의 뇌는 이러한 뉴런이 1000억 개가 모여서 구성이 되

〔그림 21〕

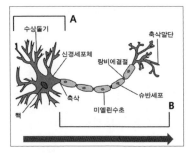
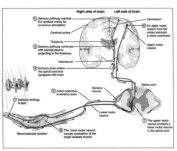

출처
https://cnx.org/contents/FPtK1zmh@8.25:fEl3C8Ot@10/Preface]

어있다. 뉴런을 구성하는 요소들을 보면 크게 〔그림 21〕의 A, B와 같이 2가지로 구분할 수 있다. A 부분은 신경세포체라고 불리는 부분으로 크고 동그란 핵을 비롯해 세포의 기능을 유지하기 위해 필요한 여러 세포 소기관을 포함하고 있다. 그리고 다른 신경세포로부터 정보를 받는 역할을 한다. B 부분은 축삭돌기라고 불리는 곳으로 뉴런이 활동 전압이라고 불리는 전기적 신호를 전달하는 역할을 한다.

우리가 만약 손을 움직이는 것을 예로 들어보자. 우리가 손을 움직이겠다는 생각을 하면 수많은 뉴런이 〔그림 21〕 왼쪽과 같이 전기적 신호를 전달해서 〔그림 21〕 오른쪽과 같이 손까지 신호를 전달하고 손을 움직일 수 있는 것이다.

그리고 여기서 흥미로운 부분이 바로 B 부분 축삭돌기이다. 축삭은 〔그림 21〕 왼쪽 그림의 화살표가 가리키듯이 줄줄이 소시지 모양처럼 수초myelin로 둘러싸여 있는데, 이 수초는 우리가 생각을 한 만큼 두껍게 쌓인다. 그리고 수초가 두껍게 쌓인 만큼 정보를 더 빠르게 전달할 수 있게 된다.

쉽게 예를 들어서 우리가 운동을 한 만큼 근육이 쌓이는 것과 같은 것이다. 그래서 우리는 긍정적으로 생각한 만큼 긍정의 수초가 두꺼워지고 부정적으로 생각한 만큼 부정의 수초가 두꺼워진다.

뇌 과학 연구에 따르면, 긍정적 정서를 다루는 뇌의 영역과 부정적 정서를 다루는 영역이 다르고, 분비되는 신경전달물질도 다르다고 알려져 있다. 이는 평상시 긍정적인 생각을 많이 한 사람은 긍정의 수초가 두꺼워지고 부정적인 생각을 많이 한 사람은 부정의 수초가 두꺼워진 결과일 것이다. 이는 학업에도 해당하는 말이니 참고하기 바란다.

어떠한가? 긍정적인 생각을 해야겠다는 마음이 생기는가? 그렇다. 긍정적인 생각은 여러분들의 뇌를 변화시키고, 여러분들을 행복과 성공으로 이끌 것이다. 지금부터라도 여러분들의 뇌를 긍정의 뇌로 바꾸어보자!!

선생님, 노력이 중요해요? 재능이 중요해요?

"뭐야!! 세상은 너무 불공평해!!"

청소년기 시절 저자가 자주 했던 생각이다. 공부면 공부, 운동이면 운동, 친구들 사이에서의 인기까지 요즘 말로 '사기 캐릭터' 같은 친구들을 보며 들었던 생각이다. 이런 친구들을 보면 괜히 하나님이 원망스러워질 때도 있었다. 왜냐하면 이 친구들은 이러한 '재능'을 타고 태어난 것 같은 생각이 들었기 때문이다.

그리고 이러한 생각이 들 때면 재능을 가지고 있는 사람들을 어떻게 해도 따라잡지 못할 것 같은 생각이 들면서 좌절하기도 했었다. 혹시나 독자 중에도 나와 같은 생각을 한 적이 있는 청소년이 있을지 모르겠다. 그래서 이러한 청소년들에게 아주 반가운 소식을 전할까 한다.

안데르스 에릭슨은 플로리다 주립 대학교 심리학과 교수이자 그 유명한 《1만 시간의 법칙》(어떤 분야의 전문가가 되려면 최소한 1만 시간 정도의 훈련이 필요하다는 법칙) 이론을 창시한 세계적으로 명망이 높은 심리학자이다. 그리고 그는 '전문성' 분야 연구의 최고 권위자로도 꼽힌다.

안데르스 에릭슨은 궁금했다. "자기 일을 놀랍도록 훌륭하게 해내는 사람들은 어떻게 하기에 이러한 성과를 내는 것일까?" 그리고 그는 이러한 궁금증을 풀기 위해 30년 이상, 운동선수, 연주자, 체스 기사, 의사, 영업사원, 교사 등 다양한 분야에서 탁월한 실력을 보이는 사람들을 연구했다.

그리고 그 결과 이러한 전문가들이 사용하는 연습은 가장 효과적인 연습방법이었으며, 하나같이 같은 일반 원칙을 따른다는 사실을 발견했다. 이러한 연습방법, 원칙은 바로 '의식적인 연습Deliberate Practice' 안데르스 에릭슨의 저서 《1만 시간의 재발견》에 잘 설명이 되어있다. 함께 그 내용을 살펴보자.

'의식적인 연습'을 잘 이해하기 위해서는 먼저 반대되는 개념인 '단순한 연습Naive Practice'에 대해서 알면 이해가 쉬울 것이다. 쉬운 예로 여러분들이 자주 하는 축구를 예로 들 수 있겠다.

만약 여러분들이 처음 축구를 하게 된다면, 공을 가지고 움직이기조차 쉽지 않을 것이다. 그러다가 친구들과 축구를 하면서 패스도 해보고, 슛도 해보면서 축구 실력이 늘어갈 것이다. 그리고 축구에 흥미가 생긴 여러분은 쉬는 시간마다 친구들과 축구를 하기도 하고, 다른 반 친구들과 축구 시합을 하기도 하면서 더욱 실력이 늘어갈 것이다. 이러한 단계가 되면 여러분들은 축구를 즐긴다고 말할 수 있을 것이다. 그리고 많은 사람은 이 정도의 축구 실력에 만족하면서 자신의 실력을 더 향상시키기 위해 자신이 성취하고자 하는 목표를 설정하고, 자신의 약점을 분석하는 등의 연습을 하지는 않을 것이다. 이러한 상태가 바로 '단순한 연습' 상태이다.

그러나 '의식적인 연습'의 한 단계인 '목적의식 있는 연습Purposeful Practice'은 '단순한 연습'보다 한 단계 발전한 단계이다. '목적의식 있는 연습'의 특징은 다음과 같다.

첫 번째, '목적의식 있는 연습'은 명확하고 구체적인 목표를 가지고 있다.

축구를 예로 들면, '볼 트래핑 50번 하기'나 공부를 예로 들자면 '전체 평균점수 10점 올리기'를 들 수 있겠다.

두 번째, '목적의식 있는 연습'에는 집중이 필요하다.

다른 말로는 '몰입'이라고 표현될 수도 있겠다.

세 번째, '목적의식 있는 연습'에는 피드백이 필요하다.

자신이 올바른 방식으로 연습하고 있는지, 그렇지 않다면 어떤 식으로 잘못하고 있는지에 대해서 사람들의 의견을 들어야 한다. 이러한 피드백을 듣지 않고, 자신이 하고 싶은 방법으로만 연습한다면 그 상태의 실력을 벗어나지 못한다.

네 번째 '목적의식 있는 연습'은 자신의 컴포트 존Comfort Zone에서 벗어날 것을 요구한다.

컴포트 존이란 자신에게 가장 익숙한 상태여서, 이러한 컴포트 존에만 있으면 편안함을 느낄 수는 있지만, 더 이상의 발전은 기대하기 어려운 곳이다. 예를 들어서 여러분들이 턱걸이를 5개 정도 할 수 있다고 할 때, 5개를 넘지 않는 개수로만 턱걸이를 하는 상태라고 할 수 있겠다. 이러한 상태로 계속해서 턱걸이를 해보아야 여러분들이 할 수 있는 턱걸이의 개수는 5개를 넘어서지 못하지만, 이러한 컴포트 존을 넘어서는 연습을 꾸준히 한다면(물론, 쉽지 않겠지만) 여러분들의 턱걸이 개수는 기하급수적으로 늘 것이다.

실제로, 2014년 체코공화국의 얀 카레시Jan Kares라는 사람은 12시간 안에 4,654개의 턱걸이를 했다. 그리고 이러한 방법으로 1993년 미국의 찰스 세르비치오Charles Servizio라는 사람은 21시간 21분 동안 46,001회의 팔굽혀펴기를 했다.

사실, 이러한 '목적의식 있는 연습'도 충분히 훌륭한 방법이다. 목적의식 있는 연습만으로도 단순한 연습을 했을 때 보다 몇 배의 성과를 낼 수 있을 것이다. 이러한 이유로 "그냥 목적의식 있는 연습까지만 할래요."라고 말하는 청소년이 있을지 모르겠다. 그래도 이왕 하는 거 '목적의식 있는 연습'에 몇 가지만 추가로 수행하면 '의식적인 연습'을 할 수 있게 되고, 그러면 여러분들은 어느 분야에서든 아주 탁월한 실력을 발휘할 수 있게 되니까 '의식적인 연습'에 대해서도 설명을 들어보기를 권한다.

첫 번째, '의식적인 연습'은 심적 표상을 만들어내고 발달시키려
는 노력이 많이 필요하다.

심적 표상은 쉽게 말하자면 시각 이미지이고 상상하는 것을 의미
한다. 그런데, "이렇게 그냥 상상만 하는 것이 무슨 연습이 되겠나?"
라고 묻는 청소년이 있을지 모르겠다. 그러나 이렇게 심적 표상을 활
용한 '의식적인 연습'은 많은 세계적인 선수들이 실제로 하는 연습
방법이기도 하다. 그리고 우리나라 국가대표 선수들도 실제 훈련 시
간에 심적 표상을 활용한 연습을 한다.

'경기장 안에 들어서서, 심호흡하고, 사람들의 환호를 들으면서 역
기를 잡고, 하나, 둘, 셋을 외치고 힘껏 역기를 들어 올린다. 그리고
다시 사람들의 환호를 받으면서 경기대에서 내려온다.'

언뜻 보면 실제 경기 모습을 말하는 것 같지만, 우리나라 국가대표
역도 선수들이 실제 훈련 시간에 오직 상상으로만 떠올리는 장면이
다. 역도 선수들은 훈련의 한 방법으로 시간을 정해놓고, 의자에 앉
은 채로 이러한 장면을 상상하는 훈련만을 한다.

2007 세계역도선수권대회 금메달, 2008 베이징올림픽 금메달 이
외의 수도 없는 메달을 수상했던 장미란 선수도 심적 표상 훈련을
했고, 이러한 훈련이 자신이 금메달을 따는 데 큰 역할을 했다고 했
다. 이러한 사례는 장미란 선수뿐만이 아니다. 2004년 아테네 올림
픽 금메달을 수상한 이원희 선수도 심적 표상 훈련을 자주 했었다(

자세한 내용은 KBS 다큐멘터리 '마음' 〈2편, 생각하는 데로 이루어진다〉를 참고하기 바란다).

두 번째 '의식적인 연습'은 좋은 코치나 교사와 함께하는 것이다.

좋은 코치나 교사와 함께하는 것이 필요한 이유는 학생이 코치나 교사로부터 다른 방법으로는 얻기 힘든 귀중한 피드백을 받을 수 있기 때문이다. 그리고 좋은 코치나 교사는 학생의 특정한 약점을 극복할 맞춤형 연습 프로그램을 기획할 수 있는 사람이기도 하다.

"저는 주변에 좋은 코치나 선생님이 없어요"라고 말하는 사람이 있을지 모르겠다. 그런 사람이 있다면 유감이지만 일단, 관련 분야 전문가의 서적이나 강의 영상(유튜브 등 활용)을 통해서라도 스스로 연습 프로그램을 생각해 내야 한다. 그리고 나중에라도 관련 분야의 전문가가 개최하는 교육 프로그램에 꼭 참여하기를 권하고 싶다.

세 번째 '의식적인 연습'은 신중하고 계획적이어야 한다.

단순히 교사나 코치의 지시를 따르는 것만으로는 충분하지 않다. 학생은 연습의 구체적인 목표를 이루기 위한 세부 계획을 설정하고 이 계획을 통제할 수 있어야 한다.

예를 들어서 '영어 성적 10점 향상하기'를 목표로 잡았다면, 이에 따른 계획으로 하루에 '영어단어 10개 외우기', '영어 독해 문제 5개 풀기' 등의 세부적인 계획을 세우고 이를 실천해야 한다.

신중하고 계획적인 연습의 예로 《1만 시간의 재발견》에 소개된 리우데자네이루 서커스 학교 학생의 예를 들으면 더 이해가 빠를 수 있겠다. 서커스는 서커스 도중 관객들이 홍미를 유지하게 만드는 것이 중요한데, 이를 연습하기 위해 서커스 학교의 한 학생은 시계를 가지고 다니면서 퇴근 시간 귀가를 서두르는 사람들을 대상으로 어떠한 방식이 더 사람들의 관심과 홍미를 유발하는지 측정하면서 어떤 방법이 가장 효과적이고 어떤 방법이 그다지 효과가 없는지를 꼼꼼히 기록했다.

네 번째로는 가장 중요한 '의식적인 연습'은 충분한 연습 시간이 확보되어야 한다.

《1만 시간의 재발견》의 저자 안데르스 에릭슨은 베를린 예술 종합 대학교 바이올린 전공 학생들을 대상으로 연구를 했다. 안데르스 에릭슨 연구팀은 베를린 예술 종합대학교 교수들에게 학생들을 최우수 실력을 갖춘 학생 10명, 우수실력을 갖춘 학생 10명, 양호한 실력을 갖춘 학생 10명으로 구분해달라고 청했다.

그리고 이 3그룹의 학생들 사이의 차이점을 찾기 위해 학생들을 대상으로 아주 상세한 내용까지 인터뷰했다. 그 결과, 세 그룹 사이의 주된 차이점은 한 가지뿐이었는데, 그것은 바로 학생들의 총연습 시간이었다.

안데르스 에릭슨 교수 연구팀은 같은 연구 결과를 얻기 위해, 학생들이 바이올린을 배우기 시작한 후 18세까지 혼자 연습한 시간을 계산한 결과 '양호'한 실력을 보였던 그룹은 평균 3,420시간, '우수'

그룹 학생들은 평균 5,301시간, 최우수 그룹 학생들은 평균 7,410시간을 투자한 것으로 나타났다. 이는 바이올린 실력에만 해당하는 이야기가 아니다.

안데르스 에릭슨 교수의 아내 나탈리 삭스 에릭슨과 안데르스 교수의 동료 칼라 허친슨은 발레 무용수들을 대상으로 연구했는데, 마찬가지로 연습 시간이 더 많은 무용수가 더 높은 자리에 있었다.

그리고 안데르스 에릭슨 교수는 "지금까지 다양한 분야에서 진행된 여러 연구 결과를 보면, 엄청난 시간을 투자하지 않고 비범한 능력을 개발한 사람은 없다는 결론을 내려도 무방하리라고 본다."라고 말한다.

지금까지 우리는 어떠한 분야에서 비범한 능력을 발휘하려면 타고난 재능이 있어야 하는 것이 아니라, '목적 있는 연습'과 '의식적인 연습'을 해야 한다는 것을 배웠다. 그 내용을 총 정리해보면 아래와 같다.

1. 달성하고자 하는 능력에 대한 '구체적인 목표'가 필요하다.
2. 이 목표를 달성하기 위해 '집중(몰입)'해야 한다.
3. 이러한 과정에 대해서 '피드백'을 받아야 한다.
4. 자신의 능력을 제한 짓는 '컴포트 존'을 벗어나야 한다.
5. 심적 표상을 활용할 필요가 있다.
6. 좋은 '코치'나 '교사'와 함께 연습하면 더 좋다.
7. 신중하고 계획적으로 연습할 필요가 있다.

8. 많은 연습 시간이 필요하다.

총 정리 내용을 살펴보니까 한숨부터 나오는가? 어떤 청소년은 "이걸 다 해요?"라고 말할 수 있을 것 같다. 만약, 위의 8가지 과정을 다 수행한다면 여러분들은 여러분들이 능력을 향상시키고자 하는 분야에서 가히 '세계 최고 전문가'라고 칭함을 받을 만한 사람이 될 것이다. 운동으로 치면 국가대표 정도 말이다.

그러나 "전 국가대표까지는 바라지 않아요"하는 친구들의 경우에는 이 8가지 '의식적인 연습' 중에서 1가지만이라도 실천하기를 권하고 싶다. 왜냐하면 이 8가지 중 1가지라도 실천할 때와 그렇지 않을 때의 결과는 천지 차이일 것이기 때문이다. 실컷 노력했는데, 별로 성과를 얻지 못하면 너무 억울하지 않은가? 노력하더라도 제대로 입증이 된 방법을 활용해 노력하기를 추천하고 싶다.

너희들의 가능성은 정말 무한하단다

"선생님 저는 이 · 생 · 망이에요."

"응? 뭐라고?"

"저의 이번 인생은 망했다고요."

이러한 말은 요즘 청소년들의 마음을 잘 보여준다.

2015년 취업 시장에 등장한 신조어인 'N포 세대(어려운 사회적 상황으로 인해 취업이나 결혼 등 여러 가지를 포기하는 세대를 나타내는 말 – 네이버 시사상식사전)'가 청년들의 마음을 보여주듯이 말이다.

이런 이야기를 들을 때면 2가지의 마음이 든다. 한 가지 마음은 이러한 마음이 너무도 공감되는 마음이고 ,다른 한 가지 마음은 너무도 안타까운 마음이다.

공감되는 마음은 실제로 나도 이러한 마음을 종종 가져본 적이 있기 때문이다. 청소년 시절 나의 미래가 너무 깜깜하게 보여서 다 포기해버리고 싶은 마음이 들 때도 있었고, 부모님께서 경제적인 상황이 너무 안 좋을 때는 너무 막막한 마음에 다 포기해 버리고 싶은 마음이었다.

그리고 나는 '이 · 생 · 망'이라고 스스럼없이 이야기하는 청소년과 나의 청소년기 시절을 떠올리면 한 가지 실험이 떠오른다.

미국의 심리학자 마틴 셀리그만Martin Seligman과 마이어Maier가 1967년에 실시한 실험이다.

셀리그만과 마이어는 24마리의 개를 3개의 집단으로 나누었다. A집단에게는 아무런 전기 충격을 주지 않았고, B집단에게는 전기충격을 가하되 개들이 장치를 조작하면 전기충격을 멈출 수 있도록 했다. C집단에는 전기 충격을 주면서 개들이 저항하거나 아무런 행동도 할 수 없도록 묶어놓았다.

그리고 24시간 후 상자에 A, B, C집단의 개들을 넣었다. 이 상자는 왕복 상자라고 불리었는데, 왼쪽에는 전기 충격이 가해지지만, 오른쪽에는 전기충격이 가해지지 않고, 개가 마음만 먹으면 전기 충격이 가해지지 않는 오른쪽으로 넘어갈 수 있도록 설계된 상자이다. 그 결과는 어떻게 되었을까?

결과는 놀라웠다. 이전에 전기충격을 받지 않거나, 자신이 이를 통제할 수 있었던 A, B집단의 개들은 왼쪽에 있다가 전기 충격이 가해지자 전기 충격이 가해지지 않는 오른쪽으로 재빠르게 움직였다. 그러나 전기충격에 대해 통제력을 상실한 경험이 있었던 C집단의 개들은 그냥 사뿐히 오른쪽으로 넘어갈 수 있었음에도 불구하고 계속 전기충격을 받고 낑낑대면서 왼쪽에 머물렀다.

24시간 동안 C 집단의 개들은 아무리 발버둥쳐도 그 고통을 벗어날 수 없었다는 무기력감이 학습되었고, 24시간 후, 전기충격을 충분히 벗어날 수 있는 상황임에도 불구하고, 피하기를 포기했던 것이다. 셀리그만과 마이어는 개들의 이러한 행동을 '학습된 무기력'이라고 불렀다.

동물의 이러한 습성을 이용해 서커스 단원들은 코끼리를 같은 방법으로 훈련시킨다. 코끼리가 태어나면 새끼 코끼리 때, 발목에 쇠사슬을 묶어놓는다. 물론, 새끼 코끼리는 이러한 상황을 벗어나고자 발버둥을 친다. 그러나 쇠사슬은 풀리지 않고, 계속된 실패경험이 쌓인 채 도망가기를 포기한다. 그리고 이 코끼리가 어른이 되었을 때에는 이 쇠사슬을 충분히 풀 수 있음에도 불구하고 코끼리는 도망가는 것을 포기하는 것이다.

만약 여러분들 중에 이러한 개나 코끼리처럼 '나는 발버둥쳐봐야 소용이 없어. 나는 희망이 없어'라고 생각하는 분이 있다면 그 마음을 위로하고 싶다. 청소년기 시절 저자도 그러했다. 나에게 그리고 우리 가족에겐 희망이 없어 보였다. 이럴 때 나에게 도움을 준 것이 심리학이었다. 그리고 특히나 나에게 도움을 준 심리학은 상담심리학이었다.

나는 청소년기 시절에 상담을 잘 몰라서 심리학 서적으로 나의 마음을 달래곤 했지만, 대학교 심리학과에 진학해서는 상담의 도움을 많이 받았다. 상담을 통해서 혼자 끙끙 앓던 문제들을 상담 선생님과 나누면서 많이 내려놓을 수 있었고, 많은 위안을 얻을 수 있었다. 특히, 대학원 시절에 상담을 많이 받았었는데 만약, 이 시절 상담을 받지 않았다면 지금의 내가 있을 수 있었을까 싶다. 그래서 앞에서도 계속 이야기했지만 여러분들도 기회가 된다면 상담을 꼭 받아보는 것을 추천하고 싶다.

그리고 또 한 가지 여러분들에게 해주고 싶은 이야기가 있다. 바로 우리 모두의 잠재력은 무한하다는 것이다. 다만 우리에게 쌓인 상처들로 인해 이러한 잠재력이 발휘되지 못하고 있다.

그 위대한 업적을 남겼던 아인슈타인은 자신의 뇌 능력의 15%밖에 사용하지 못하고 죽었다. 일반인들의 뇌를 실험한 스탠퍼드 대학의 결과도 자신이 타고난 정신 능력의 약 2%만을 사용한다고 나왔다. 1.2~1.4kg 정도의 무게밖에 되지 않는 우리들의 뇌는 무려 1,000억 개에 달하는 뉴런으로 이루어져 있으며, 시간당 1억 비트의 정보를 처리해낸다.

《슈퍼 기억력의 비밀》의 저자 에란 카츠는 500개 단어(책 3~4p 정도 되는 분량)를 한 번 듣고 기억한다. 이러한 능력으로 기네스북 보유자인 에란 카츠는 "학창시절 난 평범한 학생이었다. 다만 열심히 훈련한 결과 기억력이 좋아졌고, 여러분들도 누구나 집중과 관심 그리고 열정이 있으면 기억력이 좋아질 수 있다"라고 말한다.

우리들의 신체적인 능력도 마찬가지이다. 브라이언 트레이시의 책

《성취심리》에 보면 우리들의 초인적인 신체적인 능력을 잘 보여주는 한 사례가 나온다.

미국 플로리다주에 나이가 64세로 건강이 많이 쇠약해진 한 부인이 살고 있었다. 하루는 부인이 부엌에서 일하고 있었고, 부인의 아들은 앞뜰에서 자동차의 하체를 수리하고 있었다. 그런데 갑자기 차를 들어 올리던 자동차 잭이 옆으로 넘어지면서 자동차가 아들의 가슴을 덮쳤다. 아들의 목숨이 위태로운 상황이었다. 이때 아들의 비명을 들은 부인이 집을 뛰쳐나가서 자동차로 향했다. 그리고 부인은 자동차의 앞 범퍼를 잡고 무게가 거의 1,000kg에 달하는 자동차를 들어 올려서 아들을 구했다.

이러한 사례는 빈번하게 일어난다. 김상운 작가의 책 《마음을 비우면 얻어지는 것들》에 보면, 톰 보일이라는 사람이 한 소년을 구하기 위해 차를 들어 올린 사례, 카일라 스미스라는 165cm의 신장밖에 되지 않는 여성이 자신의 몸무게에 20배가 넘는 무게의 자동차를 든 사례, 아놀드 레머랜드라는 56세의 신사가 900kg의 무게의 쇠파이프를 든 사례가 수록되어 있다. 우리들의 잠재력은 무한하다.

그렇다면 우리가 어떻게 이러한 잠재력을 발휘할 수 있을까? 일단, 〈재능이 중요해요? 노력이 중요해요?〉에서 설명했던, 의식적인 노력이 우리들의 잠재력을 끌어올릴 수 있을 것이다. 아니면, 〈알면 알수록 놀라운, 긍정의 힘〉에서 소개했듯이 긍정성을 향상시킴으로써 잠재력을 끌어올릴 수 있을 것이다.

그런데, 이번 절에서는 잠재력을 끌어올리는데 아주 탁월한 방법을 하나 소개하려고 한다. 바로 남을 돕겠다는 마음을 가지는 것이다. 여러분들 중에 이미 눈치챈 사람도 있겠지만, 위 사례의 주인공들은 모두, 남들을 살려내겠다는 일념 하나로 우리가 상식적으로 할 수 없다고 생각되는 일을 해냈다.

"나는 한때 '루저'였다"고 말했지만, 현재는 세계적인 광고 천재로 불리는 '이제석 광고연구소'의 이제석 대표. 그는 세계 3대 광고제의 하나인 '원 쇼 페스티벌'에서 최우수상, '클리오 어워드'에서 동상, 미국 고아고 협회의 '애디 어워드'에서 금상 2개 등 1년 동안 국제적인 광고 공모전에서 29개의 메달을 땄고, 2009년 세상을 밝게 만든 사람들 올해의 인물, 2011년 올해의 광고인으로 선정되기도 한 사람이다.

이제석 대표는 어떻게 이러한 능력을 발휘했을까? 이제석 대표가 이러한 능력을 발휘할 수 있었던 핵심 요인은 남을 돕고자 하는 마음이었다. 그는 "나는 자본가만을 위한 광고가 아니라, 도움이 필요한 사람을 위한 광고, 상품뿐만 아니라, 정치, 경제, 사회, 문화적 이슈를 다루는 광고로 세상을 바꾸기 위해서 광고한다"고 말했다.

미켈 베스터가르트 프란젠은 덴마크의 기업가이다. 그는 20대에 떠난 아프리카 여행에서 너무 가슴 아픈 장면을 목격한다. 말라리아나 질병에 걸릴 위험을 알지만 살기 위해 흙탕물을 먹는 아프리카 사람들을 본 것이다. 이렇게 흙탕물을 먹고 콜레라에 걸리면 심한 두통과 구토 그리고 설사를 동반해 움직일 수 없는 상태가 된다. 유엔보

고서에 따르면, 이러한 수인성 질병으로 사망하는 아이가 20초에 한 명꼴로 발생한다고 했다.

미켈 베스터가르트 프란젠은 모국으로 돌아와 고통을 받는 아프리카 사람들을 도와야겠다고 생각한다. 그리고 물려받았던 작은 섬유회사를 빨대를 만드는 회사로 만들었다. 그리고 이 빨대는 세상을 변화시켰다.

프란젠이 회사 직원들과 10년의 연구 끝에 내놓은 빨대의 이름은 '라이프 스트로우'. 물 안의 세균을 억제하는 활성 할로겐 필터, 박테리아의 오염물질을 흡수하는 강력한 음이온이 장착된 '라이프 스트로우'는 간디스토마, 콜레라, 비브리오, 이질 등의 세균과 바이러스가 가득한 흙탕물 700 리터 99.9% 정수할 수 있다. 그리고 이 빨대의 가격은 단돈 5달러이다.

사람들을 돕고자 시작한 일이 이러한 기적을 만든 것이다. 그리고 '라이프 스트로우'는 타임지가 선정한 그해의 '베스트 디자인'에 선정되었고, 혁신적인 디자인 제품에 주어지는 '인덱스 상'도 수상했다.

이제 여러분들에게 15살의 나이에 수많은 의학 박사가 60년간 풀지 못했던 췌장암 진단방법을 발견한 한 소년 이야기를 하고 이번 장을 마무리 할까 한다. 이 소년의 이름은 잭 안드라카Jack Andraka이다 [그림 22].

잭 안드라카는 그냥 평범하게 지내던 일반 학생이었다. 그러던 중, 가족처럼 생각하던 이웃사촌 테드라는 아저씨가 췌장암으로 사망하

[그림 22]

출처
Flickr: Visioneering 2013

는 사건이 발생했다.

췌장암은 85%의 환자가 말기가 되어야 발견이 되고, 진단 후에는 95%가 사망하는 의학계의 난제로 불리는 질환이다. 애플의 창시자 스티븐 잡스도 2011년 췌장암이 재발해 죽었고 많은 사람이 췌장암으로 진단을 받고 3~6개월 이내에 죽었다. 따라서 췌장암에 대응할 수 있는 유일한 방법은 빠른 진단이다.

그러나 당시 췌장암 진단법이 개발된 지 60년이 지난 검사로 14시간의 검사 시간이 필요하고, 검진 비용은 800달러로 비싸지만, 정확도가 30%밖에 안 되는 상태였다.

잭 안드라카는 암에 대해서는 전혀 몰랐지만, 췌장암이 말기가 되어야 발견이 되는 것에 의문을 가졌다. 그리고 그는 인터넷 자료와 많은 논문을 통해 공부하고, 실험하기 시작했다. 그리고 이러한 노력 끝에 잭 안드라카는 검사시간이 5분이면 충분하고, 비용이 3센트(300원)밖에 들지 않고, 정확도가 100%에 가까운 췌장암 진단법을 개발했다. 이는 당시, 수많은 의학박사도 성공하지 못했던 결과이다.

잭 안드라카는 이러한 성과로 2012년 세계 최대 청소년 과학경진대회인 '인텔 ISEF'에서 최종 우승을 거머쥐고 CNN, CBS 등 쏟아지는 언론 인터뷰 요청과 백악관의 귀빈으로 초대받기까지 했다.

잭 안드라카는 말한다.

"저의 가장 큰 목표는 가능한 한 많은 사람의 생명을 살리는 것입니다. 사랑하는 사람의 죽음은 정말 고통스럽거든요. 더는 다른 사람들이 이러한 고통을 겪지 않았으면 좋겠어요. 우리의 삼촌, 어머니, 사랑하는 사람들을 질병에서 보호하고 싶어요."

이렇듯 사람들에게 도움이 되는 삶을 살고자 했던 사람들은 자신의 잠재력을 발휘해서 성공한 삶을 살았다. 난 여러분들도 이러한 삶을 살기를 바란다. 여러분들은 할 수 있다. 여러분들의 잠재력은 무한하다.

선행, 그 마법에 대해

니시나카 쓰토무는 일본에서 존경받는 변호사다. 1942년 오사카에서 태어나 오사카대학 법학부를 졸업한 후, 50년 가까이 변호사로 일하면서 1만 명 이상의 사람들을 변호해온 베테랑 변호사이다.

그런데 그는 변호사로 근무를 하면서 아주 흥미로운 사실을 발견했다. 바로, '확실히 운이 좋은 사람과 나쁜 사람이 있다는 사실'이었다. 어떤 사람은 몇 번이고 똑같은 사건에 휘말려서 재판을 받는 상황이 있지만 어떤 사람은 일이 일사천리로 해결되는 상황을 보며 니시나카 쓰토무가 깨달은 것이다. 그렇다면 어떠한 사람들이 일이 일사천리로 잘 풀리고, 어떠한 사람들은 계속해서 같은 곤경에 처할까? 답은 '선행'의 유무였다.

이는 미신적인 이야기를 하는 것이 아니라 과학적인 이야기를 하는 것인데, 일본의 법학자 히로이케 치쿠로가 창시한 '도덕과학'이 이를 잘 설명한다. 도덕과학에서는 인간은 누군가의 도움이 없이 스스로 존재할 수 없는 존재라고 말한다.

우리는 비용을 내지 않고, 공기를 마시면서 살고 있으며, 태양을 쬐며 살아가고 있다. 이를 도덕과학에서는 '도덕적 부채'라고 한다. 더해서 도덕 과학에 따르면 인간은 계속해서 '도덕적 과실'을 저지르고 살아갈 수밖에 없는 존재이기도 하다. 우리는 채소나 고기를 먹으면서 이들의 생명을 빼앗고 있고, 더해서 어떠한 분들의 희생에 의해 만들어진 철도나 도로를 우리는 감사하게 여기지 않고 이용한다.

따라서 도덕과학에 의하면 우리는 이러한 도덕적 부채와 도덕적 과실을 갚지 않고 그냥 내버려 두면 운이 달아난다고 말한다. 그렇다면, 우리는 어떻게 도덕적 부채와 도덕적 과실을 갚으면서 살아갈 수 있을까?

바로 주변 사람들을 돕는 것이다. 돕는 방법에는 돈을 기부하는 방법도 있지만, 이전에 우리가 받은 것들에 대해서 감사한 마음을 가지는 것만으로도 괜찮다. 우리들은 '부모님의 은혜', '자연의 선물' 등에 대해 너무 당연하게 생각하고 있다. 이러한 은혜들에 대해 감사할 필요가 있다. 이러한 내용은 니시나카 쓰토무의 책《운을 읽는 변호사》에 잘 나온다. 꼭 읽어보기 바란다.

그렇다면 이제 선행을 통해 운이 좋아진 사람들을 만나보자. 아마도 한 번쯤 들어본 이름일 것이다. 첫 번째 소개할 사람은 페이스북 창시자 마크저커 버그이다. 추정보유재산이 730억 달러이면서 최연소 억만장자 중 한 명인 마크저커 버그는 자신의 딸이 태어났을 때 쓴 다음과 같은 편지로 선행을 실천하는 사람이라는 것을 알 수 있다.

맥스에게

엄마와 나는 네가 장차 우리에게 줄 희망을 표현할 말을 아직 찾지 못하겠구나. 너의 새로운 삶은 약속으로 가득 차 있어. 우리는 네가 행복하고 건강하게 자라서 모든 것을 누릴 수 있길 바란다. 너로 인해 우리는 네가 살아갈 세상에 대해 우리가 바라는 것들을 돌아보게 되었단다. 모든 부모처럼 우리는 네가 오늘 우리들보다 더 나은 세상에서 자라나기를 바란다. (중략) 우리는 그런 미래를 실현하기 위해 최선을 다할 것이야. 우리는 너를 사랑할 뿐만 아니라 다음 세대의 모든 아이에게 도덕적 책임이 있단다. (중략) 우리는 우리가 살아 있는 동안 현재 약 45억 불에 상당하는 페이스북 지분 99%를 이 목표를 달성하는데 기부할 것이야. 우리는 이것이 이 이슈(세계의 문제들)들과 관련해 일하고 있는 많은 이들의 자원과 재능에 비하면 작은 기여라는 것을 알고 있다. 그러나 우리는 많은 이들과 함께 일하면서 우리가 할 수 있는 바를 하고 싶다. (중략)

다음 사람은 많이 알려진 세계 최고 부자 빌 게이츠이다. 빌 게이츠의 재산은 약 900억 달러(한화 96조 원)인데, 그는 1999년 약 160억 달러 규모의 마이크로소프트 주식을 기부한 데 이어 2000년에는 51억 달러, 그리고 2017년에는 46억 달러를 기부했다. '투자의 귀재'로 불리면서, 약 891억 달러(한화 90조 원)의 재산으로 2018년 세계 부자 순위 3위에 오른 버크셔 해서웨이의 회장 워런 버핏도 마찬가지이다. 2013년에는 26억 달러(약 2조9341억 원), 2014년에는 28억(약 3조 1528억 원), 2015년에는 28억4000만 달러(약 3조1978억 원), 2017년에는 31억7000만 달러(약 3조6천500억) 등 2006년부터 시작된 워렌버핏의 누적 기부액은 30조 원이 넘는다.

이 사람들이 성공을 해서 선행을 할 수 있는 것으로 생각하는가? 이 사람들은 성공을 해서 선행을 베푼 것이 아니라, 사람들을 돕고자 하는 마음으로 자기 일을 했기에 성공했고, 또 선행을 베풂으로써 더 성공하게 되었다.

어떤 친구들은 "저는 돈이 없어서 선행하기가 어려워요"라고 말할지 모르겠다. 이러한 친구들에게는 부처님께서 말씀해주시는 7가지 선행의 방법(7보시)을 소개해주고 싶다.

BC 500년대에도 이러한 고민을 하는 사람이 있었다. 한 사람이 부처님을 찾아와 질문했다.

"저는 하는 일마다 제대로 되는 일이 없으니 무슨 까닭입니까?"

부처님이 대답하셨다.

"네가 남에게 베풀지 않기 때문이란다."

이 사람이 다시 대답했다.

"저는 베풀 것이 없는 거지 같은 인생입니다. 남에게 줄 것이 있어야 줄 게 아닙니까?"

부처님이 대답하셨다.

"아니다. 너는 꼭 재물만이 남에게 준다고 생각하기 때문이란다.

재물이 아니더라도 얼마든지 줄 것이 너에게 있지 않으냐?"라고 하시면서 7보시를 설명하셨다.

부처님께서 설명해주신 7가지의 선행 방법은 다음과 같다.

첫 번째는 화안시和顔施이다.

사람들을 밝은 얼굴, 웃는 얼굴로 대하는 것이다. 이는 여러분들도 평상시에 경험해 알고 있는 사실일 것이다. 학교에 갔을 때, 어떠한 친구가 나에게 밝고 웃는 얼굴로 날 대할 때 얼마나 기쁜가? 그리고 그 친구에게 뭐라도 해주고 싶지 않은가? 여러분들이 다른 사람에게 '화안시'를 한다면 상대도 마찬가지의 기분을 느낄 것이다.

두 번째는 언시言施이다.

이는 말로써 사람들에게 도움을 주는 행위이다. 훌륭한 강사나 선생님들이 이러한 상황에 해당되기도 하지만, 우리도 충분히 할 수 있다. 주변 사람들에게 사랑의 말, 칭찬의 말, 부드러운 말을 사용함으로써 말이다.

세 번째는 심시心施이다.

여러분들 중에, 내가 어떠한 곤경에 처해있을 때, 누군가 와서 함께 걱정해주는 일을 경험해본 분이 있는가? 그때 어떠한 마음이 들었는가? 우리는 마음만으로도 상대에게 도움을 줄 수 있다.

네 번째는 안시眼施이다.

상대방을 평가하지 않고 상대방 그 자체로 보아주는 것이다. 누군가가 나를 평가하지 않고, 나를 있는 그대로 바라봐주는 경험은 정말로 황홀한 경험이다. 여러분들도 누군가에게 이러한 경험을 받기 바라며, 여러분들이 누군가에게 이러한 경험을 주는 사람이 되길 바란다.

다섯 번째는 신시身施이다.

길을 지나다가 무거운 짐을 혼자서 옮기고 계신 어르신을 돕는 행동을 말한다.

여섯 번째는 좌시座施이다.

버스나 지하철에서 어르신들에게 자리를 양보하는 행동을 말한다. 그리고 더 나아가서는 나보다 더 적합한 사람에게 자신의 직업이나 사업을 물려주는 일도 의미한다.

일곱 번째는 찰시察施이다.

이는 굳이 묻지 않아도 상대방의 마음을 헤아려 알아서 도와주는 것을 말한다. 이렇게 이왕 선행할 것을 상대가 요청했을 때가 아닌, 내가 먼저 한다면 이 선행의 효과도 불어나고 선행으로써 나에게 쌓이는 복福도 더 많을 것이다.

그렇다면 이렇게 선행이 복을 가져다주는 원리에는 어떠한 원리가 작용할까? 3장 〈우리들을 움직이는 조종사, 신념〉에서도 이야기한 세상의 원칙 인과因果를 이야기하고 싶다. 콩 심은 데, 콩이 나듯이 우리가 누군가에게 선행을 베풀면 그 선행은 반드시 되돌아오게 되어있다(반대로 이야기하면 우리가 누군가에게 악행을 베풀면 그 악행이 되돌아오니 주의를 할 필요가 있다). 누군가에게 선행을 베풀었는데, 그 상대가 그냥 선행을 고마워하지도 않았다고 하더라도 나에게 이익이다.

이는 심리학적 용어인 '헬퍼스 하이Helpers High'로도 설명이 가능하다. 미국의 심리학자 앨런 룩스는 자신의 책《선행의 치유력》에서 사람들이 봉사활동을 하는 동안 아주 기분 좋은 느낌이 들게 되는데 이러한 현상을 '헬퍼스 하이'라고 명칭 했다.

앨런 룩스에 따르면, 봉사활동을 하는 사람들은 봉사활동을 하지 않는 사람들에 비해서 스트레스를 훨씬 적게 받고, 심리적인 안정감을 느끼게 되며 심지어 자기 몸의 병도 치유된다고 한다. 강남 세브란스병원 내분비내과 안철우 교수는 중앙일보 신문에 "봉사나 기부 같은 선행은 정신건강은 물론 면역력 상승과 심혈관·소화기 질환 예방 등 신체 건강에도 이롭다"고 말하기도 했다.

이러한 현상은 우리들의 몸에서 일어나는 호르몬 작용으로 설명할 수 있다. 옥시토신oxytocin은 일명, 사랑의 호르몬으로 불린다. 옥시토신의 주된 역할은 출산 후 자궁수축이나 모유 분비를 촉진하는 호르몬이다. 그렇다고 해서 남성들에게는 분비되지 않는 것은 아니다. 그리고 옥시토신은 혈압과 코르티솔(스트레스를 받을 때 분비되는 호르몬) 분비량을 낮추고, 고통의 한계점을 높인다. 의심과 불안을 해소해주고, 스트레스를 낮춰 치유력을 높여줌에 더해서 긍정적인 사회적 교류를 자극하고 우리들의 성장을 증진시킨다. 한마디로 좋은 호르몬이다. 그런데 이러한 옥시토신이 우리가 선행할 때 분비가 된다고 한다.

이러한 효과는 직접 선행을 하지 않아도 나타난다. 1988년 미국 하버드대 행동 심리학자인 데이비드 맥클린트 교수는 한 가지 실험을 했다. 학생 132명을 나눠 한쪽은 테레사 수녀가 병자와 약자에게 봉사하는 장면을 50분간 보여주고 다른 쪽은 일반적인 영상을 보게 했다. 그 뒤 이들의 침에서 면역항체 수치를 측정했더니, 테레사 수녀의 영상을 본 그룹은 면역항체 수치가 즉각적으로 상승해 1시간 이상 유지됐지만 다른 그룹은 변화가 없었다. 간접적으로 선행을 접했을 뿐인데도 면역력이 올라간 것이다. 이를 가리켜 '테레사 효과'라 한다. 이처럼 선행은 선행을 보는 것만으로도 건강에 좋다.

여러분 중에 어떤 사람은 "선생님은 건강해지고, 복을 더 많이 받기 위해서 선행을 하세요?"라는 질문을 할지 모르겠다. 난 이러한 질문에 대해 아니라고 대답을 하지 못하겠다. 왜냐하면 선행하면 실제로 건강해지고 복을 더 받는 것이 사실이기 때문이다. 이러한 사실을 알고 있고, 또 선행하는 자체가 기쁜데 선행을 하지 않을 이유가 없다. 난 청소년들에게 "복을 얻으려는 마음으로라도 선행을 해라."고 이야기하고 싶다.

마더 테레사는 다음과 같은 말을 했다.

사람들은 불합리하고,
비논리적이고, 자기중심적이다.
그래도 사랑하라

당신이 선한 일을 하면,
이기적인 동기에서 하는 거라고
비난받을 것이다.
그래도 좋은 일을 하라.

당신이 성실하면 거짓된 친구들과
참된 적을 만날 것이다.
그래도 사랑하라.

당신이 정직하고 솔직하면,
상처받을 것이다.
그래도 정직하고 솔직하라.

당신이 여러 해 동안 만든 것이
하룻밤에 무너질지 모른다.
그래도 만들라.

사람들은 도움이 필요하면서도
도와주면 공격할지 모른다.
그래도 도와줘라.

세상에서 가장 좋은 것을 주면
당신은 발길로 차일 것이다.
그래도 가진 것 중에서
가장 좋은 것을 주라.

마더 테레사는 우리가 피해를 보더라도 선행을 하라고 했는데, 선행이 우리에게 이익까지 가져다주는데, 선행을 안 할 이유가 없다.

4장

내가 심리학을 만난 건
너무 큰 행운이었다

남겨진 편지 한 장

초등학생 시절 4번의 전학. 많은 이사 끝에 중학교 2학년이 되었을 때, 우리 가족이 이사한 곳은 충청북도 제천에서도 변두리로 불리는 곳이었다. 버스비를 아끼기 위해 걸어서 등교를 하면 1시간은 족히 걸리고, 버스 배차 시간도 긴 집, 너무 낡은 집이라 수리할 곳도 많은 그런 집이었다. 15년이 지났지만 난 이 집에 대한 기억이 생생하다. 이 집이 나의 기억에 생생하게 남아있는 이유는 이러한 집의 물리적인 특성보다, 한 가지 사건이 있었기 때문이다.

평상시와는 별다르지 않은 하루였다. 여전히 어머니는 어떠한 걱정에 휩싸여 계신 듯 보였고, 아버지도 평상시와 다르지 않게 고민이 많아 보이신 하루였다. 이 하루가 있기 전에도 부모님은 자주 싸우셨기에 그날도 싸움이 있었다고 생각했다.

나는 평상시와 다름없이 학교 수업을 마치고 집에 도착했다. 오후 6시 정도 되었던 것 같다. 그런데 집에서 무언가 평상시와는 다른 느낌이 느껴졌다. 휭한 느낌이랄까? 아니면 무언가 냉랭한 느낌이랄까? 문을 여니 집에는 아무도 있지 않았다. 이 적막감. 초등학생 시절부터 자주 느껴오던 적막감이긴 하지만 이날은 달랐다.

전화기 옆에 평상시 보이지 않던 종이 한 장이 보였다. 어머니께서 쓰신 편지였다. 난 편지의 첫 문장을 읽자마자 눈물을 흘리기 시작했다. "사랑하는 아들 진영이 보아라……." 어릴 적부터 언젠가는 이런 일이 일어날 것 같은 두려움이 항상 내재되어 있어서였을까? 난 첫 문장을 읽자마자 어머니께서 떠났다는 것을 직감했다. 눈물이 멈추지 않았다. 어머니께 전화를 했지만 어머니께서는 전화를 받지 않으셨다.

어두운 밤이 되었을 즈음, 아버지께서 오셨다.

"편지 봤지 진영아? 엄마는 떠났단다."

아버지께서는 이 한 마디를 남기시고는 조용히 소주를 드셨다. 막막했다. 31살이 된 지금도 그 일을 다시 떠올렸을 때 막막한데 말이다.

한 일주일이나 되었을까? 이모님과 연락이 닿았다. 어머니께서는 이모님이 계신 일산에 있다고 하셨다. 아버지와 무작정 어머니를 찾으러 갔다. 그리고 저녁 늦은 시간 마주한 어머니의 모습은 비참했다. '그렇게 우리를 떠났으면 잘살고 있어야지 이게 뭐야!!' 식당에서 걸레질을 하는 어머니를 보며, 난 속으로 되뇌었다. 이렇게라도 어머니를 보았다는 안도감도 잠시, 어머니께서는 "엄마는 돈을 벌러 떠나는 거야. 진영아"라는 말을 남긴 채 다시 떠나셨다. 난 이때까지만 해도 어머니께서 정말로 일을 하러 떠나시는 줄로만 하셨다. 난 부모님께서 이혼하신 것을 이 일이 있고 4년 후에 우연히 알았다. 부모님께서 비밀로 하셨던 것이다. 그 이후 난 아버지와 할머니 그리고 '조현병'을 앓고 계시던 작은 고모님과 6평 남짓한 국민임대 아파트에서 지냈다.

지금 와서 생각해보면 그나마 이러한 상황을 버틸 수 있었던 것은 나를 많이 사랑하셨던 할머니께서 계셨기 때문이지 아닐까 싶다. 할머니께서는 날 끔찍이 사랑하셨다. 할머니께서는 내가 학교에 갔다가 조금이라도 늦어지면 집 앞에 나와서 내가 올 때까지 기다리시곤 하셨다. 그런데, 난 이러한 사랑이 부담스러울 때가 많았다. 지금 와서 생각해보면, 할머니께 너무도 감사할 일이지만 그때 당시의 나에겐 이러한 할머니의 사랑이 너무 힘들었다. 마치 할머니는 내가 없으면 안 될 것처럼 행동하셨고, 어린 마음에 이러한 일로 할머니와 자주 싸우곤 했다.

이러한 나의 행동이 서운하셔서일까? 고등학교 3학년 무렵 할머니께서는 치매가 걸리셨다. 틈만 나면 짐을 싸서, "집에 가야 해"라고 말씀하시면서 집을 나가셨고, 이러한 할머니를 말리고 진정시키는데 하루가 다 쓰였다.

내가 심리학에 관심을 갖게 된 이유로는 할머니의 치매가 영향을 주기도 했다. 난 나중에 훌륭한 심리상담사가 되어서 할머니의 치매와 작은 고모님의 '조현병'을 고쳐드리겠다고 마음을 먹었었다. 너무 안타깝게도 지금은 두 분 모두 하늘나라에 계시지만 말이다. 그러던 중, 내가 할머니의 치매 병치레를 하느라 학업에 집중하지 못하는 것을 아셨던 둘째 고모님께서 내가 수능을 칠 때까지만 고모님 댁에서 지내는 것이 더 낫지 않겠냐고 제안해주셨다. 난 수능을 칠 때까지 둘째 고모님 댁에서 지냈다.

내가 부모님이 이혼하신 것을 알게 된 시기도 둘째 고모님 댁에서 지낼 때였다. 어머니께서는 몇 개월에 한 번씩 반찬을 챙겨서 할머니 댁에 놓고 가시곤 하셨고, 우연히 이 이야기를 둘째 고모부님 앞에서 이야기하게 되었다.

그랬더니 둘째 고모부님께서 "그 여자가 여기가 어디라고 와?!!"라고 하시는 게 아닌가? 처음에는 이 이야기를 듣고, '고모부님께서 왜 이러시지?'라는 생각이 들다가 '아, 우리 부모님이 이혼했구나'라는 생각이 들었다. 이전까지는 그냥 어머니께서 돈을 벌러만 떠나신 것으로 알았는데 말이다.

어머니께서 타지에 따로 계시는 상황은 똑같았지만, 부모님께서 이혼하셨다는 사실은 나에게 큰 상처로 다가왔다.

우리 집은 어린 시절에도 가난했었다. 아버지 말씀으로는 아버지의 고조할아버지께서 충북 제천에 많은 땅을 가지고 계셨다곤 하셨지만, 그 땅이 다 어디로 갔는지는 잘 모르겠다. 어머니께서는 나를 임신한 상태로, 사람들을 찾아다니면서 미용을 하시기도 하셨고, 물건판매를 하시기도 하셨다. 아버지께서도 무엇인가를 열심히 하시긴 하셨지만, 항상 가난했다. 부모님께서는 정말 많은 장사를 하셨다. 초등학생 시절에는 2번의 분식집, 가구 집, 사진집, 오리구이 집, 발 마사지 집까지 운영하셨지만 다 망하셨다. 그리고 부모님께서는 좋게 말하면 네트워크 마케팅, 나쁘게 말하면 다단계도 몇 년간 하셨다. 하여튼 지금 와서 생각해보면 부모님께서는 정말 이일, 저일 부단하게 노력하셨지만 결국 우리 가족에게 남은 건 빚뿐이었다.

이러한 상황이니, 어린 시절 용돈을 받기는커녕 설날이나 추석 때 받은 세뱃돈도 생활비로 쓰이기 바빴다. 그리고 어머니께서는 내 옷을 사면 약 10년은 입힐 계획으로 사셨다. 초등학교 저학년 때, 하나의 오리털 패딩을 사주셨는데, 그 크기가 어찌나 큰지, 내 손이 옷 밖으로 정상적으로 나왔을 시기가 중학교 때인 것 같다.

그리고 용돈도 못 받으니 학교 앞 문방구에서 또래 아이들이 잘 사먹는 아폴로, 쫀드기 같은 것도 나에게는 그림의 떡이었다. 초등학교 6학년 때였을까? 한 번은 군것질은 하고 싶은데, 돈이 없던 내가 한 부잣집 친구에게 형이라고 부르면서 500원을 얻어서 그 쫀드기를 사먹었던 기억이 있다. 지금 와서 생각하면 참 굴욕적이기도 하고, 그때의 어린 내가 참 짠하게 느껴지기도 한다.

그리고 중학교 시절과 고등학교 시절 나의 졸업사진을 보면 다 표정이 좋지 않았다. 왜냐하면 이때 당시 외모에 자신이 없기도 했거니와 옷이 몇 개 없어서 소풍이나 특별한 날 입는 옷이 항상 똑같아서 졸업사진 때에도 똑같은 옷을 입고 찍기가 싫었기 때문이었다.

이때는 외모에 관심이 많았던 때라 친구들이 무슨 옷을 입고 오는 지도 주 관심사였는데, 친구들은 내가 무슨 옷을 입고 올지 다 예측할 정도였으니 말이다. 난 그때 당시 최고의 메이커였던 '노스페이스'와 '나이키'를 소풍 때면, 매번 다른 스타일로 입고 오는 친구들이 항상 부러웠다.

이러한 환경 때문이었을까? 난 이러한 궁금함이 많았다. '왜 우리 집은 항상 가난할까?', '왜 난 행복하지 않을까?', '어떻게 하면 행복해질 수 있을까?', '난 왜 살아야 할까?', '난 어떻게 살아야 할까?' 등의 궁금함 말이다. 그리고 이러한 질문을 할 사람도 없었거니와 이러한 질문에 답을 해줄 수 있는 사람도 없었다.

아버지 책장에 꽂혀있던 나의 꿈 한 권

힘들었다. 그리고 울기도 많이 울었다. 그래도 정말 다행이었던 것은 독실한 기독교인이셨던 할머니 곁에서 자라서, 내가 이렇게 힘들 때면 할머니께서 좋은 성경 구절을 알려주시곤 했다. 그 시절 특히나 나에게 힘을 주고, 나를 위로했던 구절이 이사야서 41장 10절이다.

"두려워 말라 내가 너와 함께함이니라, 놀라지 말라, 나는 네 하나님 됨이니라. 내가 너를 굳세게 하리라. 내가 너를 도와주리라. 참으로 나의 의로운 오른손으로 너를 붙들리라"라는 구절을 내가 힘들 때면 항상 이 구절을 암송했고, 이 성경 구절로 마음의 위안을 얻곤 했다.

그리고 가끔은 하나님에게 따지기도 했다. 왜 맨날 우리 집은 가난하고, 이렇게 힘들어야 하냐고 말이다.

하여튼 나는 꼭 종교를 떠나서라도, 이렇게 자신에게 도움이 되는 구절 몇 가지를 외우고 다니는 것도 참 도움이 된다고 생각한다. 그리고 실제로 성공한 사람들은 이러한 자신만의 구절이 있다.

쌀 정미공에서 시작해서 지금의 현대그룹을 만드신 故 정주영 회장님은 어려운 상황이 닥치면, "이 세상에는 전쟁 이외에는 어려움이라 불릴만한 것이 없다!! 만약, 오늘 못 하면 내일 하면 된다! 우리에겐 희망밖에 없다!!"며 자신을 다지셨고, 철학자 니체는 "우리를 죽이지 못하는 것은 우리를 더 강하게 만들 뿐이다"라며 어려움을 극복하곤 했다.

물론 성경 구절이나 위인들의 명언들이 우리들에게 도움을 주기도 하지만, 나는 이러한 것만으로는 나의 궁금증과 힘듦을 해결하지 못했다. 무언가 다른 방법이 필요했다. 그러던 중, 우연히 아버지의 책장에 꽂혀있던 《성취심리》라는 책이 눈에 들어왔다. 그 당시에는 《성취심리》를 쓴 브라이언 트레이시가 하루 강의에 8억 원을 받는 동기부여와 성공학의 대가라는 사실을 알지 못했지만 말이다.

브라이언 트레이시에 대해서 잠깐 설명하자면, 처음에 그는 완전히 실패한 사람이었다. 불우한 가정에서 태어나 문제아 취급을 받다가 고등학교를 중퇴하기도 했다. 그리고 주유소, 식당 등의 아르바이트 생활을 힘들게 했지만 결국, 계속 가난했고 집도 없어서 그의 오래된 자동차에서 잠자리를 청하기도 했었다. 그러던 그가 현재는 45권 이상의 책을 출판하고, 25만 명의 사람들과 세계 1,000여 개 이상의 회사를 상대로 엄청난 돈을 받으면서 강의를 하는 세계적인 동기부여 강연가가 된 것이다.

난 브라이언 트레이시가 이러한 사람인 줄을 몰랐지만, 그냥 이 책이 끌렸다. 책 전체의 내용은 그 당시 내가 완전히 이해하기는 어려웠으나 책이 말하는 한 가지의 메시지 "우리들의 심리 기제를 바꾸면 성공할 수 있다"는 나에게 전달되었다. 그 메시지는 나에게 큰 영향을 주었다.

그중에서도 나에게 많은 영향을 준 메시지는 이것이다.

"원하는 것을 종이에 쓰고, 그 목표가 이루어질 것을 믿어라"(자세한 내용은 3장을 확인하기 바란다)

요즘에야 '원하는 것을 종이에 쓰고, 그 목표가 이루어질 것을 믿어라'는 방법이 원하는 것이 실제로 현실이 되도록 돕는다는 것을 확실히 믿지만, 그때는 사실 반신반의했다. 그래서 그냥 그 당시 떠올릴 수 있는 목표인 '부자 되기', '행복해지기' 등을 적었던 것 같다. 정말 막연한 목표였다.

이 책은 나에게 다양한 생각을 해볼 기회를 주었다. '나의 꿈은 무엇이지?', '어떠한 직업을 가져야 내가 행복할까?' 등 이전에는 깊이 생각해보지 못했던 생각의 나래를 펼칠 수 있었다. 그리고 더 다양한 책을 읽어보고 싶은 생각이 들었다.

그러던 중 우연히 세계적인 변화심리학의 권위자면서 여러 개인은 물론 기업들을 대상으로 컨설팅을 해온 앤서니 라빈스가 쓴《네 안에 잠든 거인을 깨워라》라는 책을 접하게 되었다. 이 책은 꽤 두꺼운 책으로 그 당시 내가 읽기에는 조금 어려운 책일 수 있었음에도 불구하고, 난 이 책을 단숨에 읽어버렸다. 평상시 국어, 영어, 수학을 공부할 때 보다 더 열심히 책을 읽었다. 따로 노트를 만들어서 내용을 정리하기도 할 정도였다.

이 책도 나에게 준 영향이 매우 크다. 사람들이 변화할 수 있는 심리학적 기재들을 상세하게 설명을 해서 내가 심리학에 더 관심을 가질 수 있도록 도왔다. 이후, 그 당시에는 서울대학교에서 심리학 박사셨고, 현재는 아주대학교 심리학과 교수님으로 계신 이민규 교수님께서 쓰신《네 꿈과 행복은 10대에 결정된다.》,《1%만 바꿔도 인생이 달라진다》, 로버트 치알디니의《설득의 심리학》등 심리학과 관련된 서적이 있으면 틈이 나는 대로 읽었다.

이렇게 심리학 서적을 읽다 보니, 자연스럽게 심리학과에 진학하고 싶다는 생각이 들었다. 어느 대학교에 심리학과가 있는지, 심리학과에 가면 어떤 직업을 갖게 되는지 인터넷 검색을 하기 시작했다. 인터넷 검색을 하다 보니 심리학과에 대한 전망이 좋아 보였다. 그리고 심리학과를 졸업하게 되면 심리상담사라는 직업을 가질 수 있다고 적혀 있었다. 그리고 심리상담사로 일하게 되면 사람들을 도우면서도 돈을 벌 수 있다는 점이 너무 매력적으로 느껴졌다. 이렇게 나는 꿈이 생겼다.

꿈이 생긴 고등학생, 심리학과 대학생이 되다

나는 꿈이 생겼다. 초등학교 시절 "저의 장래희망은 과학자예요" 라고 아무 생각 없이 말했던 것과는 다르게 이제는 정말로 내가 하고 싶은 꿈이 정해진 것이다. 심리적으로 어려운 사람들에게 도움을 주면서 돈도 벌 수 있는 직업 심리상담사, 다시 생각해보아도 참 꿈을 잘 선택했다. 난 변화했다. 신기하게도, 이전하고는 같은 일상생활을 보내야 했지만 꿈이 생긴 난 달라졌다.

똑같이 학교에 나가고 똑같이 지루한 수업을 듣는 시간이었지만 꿈이 생기고 난 후에는 수업을 더 열심히 들었다. 왜냐하면 이 꿈을 이루기 위해서는 대학교에 진학해야 했기 때문이었다. 그리고 쉬는 시간이나 공부가 집중되지 않는 자투리 시간에는 심리학 서적을 읽었다. 어떨 때는 수험생의 본분을 잊고 온종일 심리학 서적을 읽기도 했다. 그리고 이 시절 읽었던 심리학 서적들은 추후 내가 심리학과 대학생으로서, 심리상담사로서 살아가는 데 많은 도움을 주었다.

그리고 그 당시 나의 마음 상태는 이미 심리상담사였다. 친구들을 대할 때도 심리상담사 된 것처럼 성의껏 친구들을 대했다. 이전에도 친구들 고민을 들어주는 것이 좋아했지만, 이제는 아예 대놓고 고민 있는 친구들을 물색해서 고민이 있어 보이는 친구 옆에 가서 고민을 들어주기도 했다.

그런데 예기치 못한 문제가 발생했다. 심리학과에 진학하려면 사회탐구를 준비해야 한다는 사실을 뒤늦게 깨달은 것이었다. 문과와 이과를 선택해야 하는 고등학교 2학년 시절 친구들이 취업이 잘 된다며 이과를 선택하는 것을 보고 나도 무작정 따라서 이과를 선택했던 것이 화근이었다. 이렇게 이과를 선택해 놓고 무작정 심리상담사가 되겠다고 설레발을 쳤었던 것이다. 심리상담사에 대한 꿈이 고등학교 3학년 중반 즈음에 정해졌기 때문에 문과를 선택하기에는 이미 늦었고, 과학탐구를 공부해 놓았기 때문에 다시 사회탐구를 공부할 엄두가 나지 않았다.

난감했다. 그 당시 과학탐구를 준비한 상태로 응시가 가능한 심리학과는 숫자가 적었다. 내가 가고 싶어 했던, 등록금이 저렴한 강원대나 충북대, 충남대, 전북대와 같은 국립대학교 심리학과는 모두 사회탐구를 응시했어야 했다. 미리 정보를 알지 못한 스스로가 원망스러웠다. 1년 재수를 할 생각이 들기도 했다.

하늘이 무너져도 솟아날 구멍이 있다고 그랬던가? 이렇게 고민을 하던 찰나, 우연히 대학교에서 시행되고 있는 '전과' 제도에 대한 이야기를 들었다. 대학교에서 1학년을 마치면, 2학년 때 다른 학과로 전과를 할 수 있는 제도가 있다는 아주 반가운 소식이었다. 내가 고려해야 할 점은 각 학과에서 전과 생을 선발할 때, 성적순으로 선발을 한다는 것이었다. 그냥 과학탐구로도 입학이 가능한 다른 대학교에 입학 원서를 낼 것인가? 아니면 전과를 해야 하는 국립대학교에 원서를 낼 것인가? 고민 끝에 난 아버지와 이혼 후, 어머니께서 혼자 계셨던 전주시에 있는 전북대학교 '전기과'를 선택했다.

어쩔 수 없는 선택은 오히려 좋은 결과를 주기도 한다. 곧바로 1학년 때부터 심리학과에 진학하는 것보다, 전기과 생활을 1년 경험함으로써 지금까지도 연락하는 아주 소중한 전기과 친구들을 알게 되었기 때문이다. 이렇게 1년간의 전기과 생활을 한 후, 난 심리학과로 전과신청을 했다. 마음먹었던 것과는 달리, 대학교 1학년 시절 공부를 소홀히 했던 나는 걱정이 되었다. 성적순으로 전과생을 선발하기 때문이다. 결과는 어떻게 되었을까? 운이 좋게도 합격이었다. 그해 심리학과 전과생을 선발하는 인원이 5명이었는데, 전과를 지원한 학생이 나까지 딱 5명이었다. 이렇게 나의 심리학과 생활이 시작되었다.

그런데 걱정이 됐다. 1년이라는 시간 동안, 심리학과 사람들은 이미 친해져 있을 것이고, 갑자기 굴러들어 온 시커먼 공대생을 그 누구도 반가워하지 않을 것 같았기 때문이다. 그래서 난 목표를 세웠다. 이 목표는 '열심히 심리학 공부를 하자!!'가 아닌, '열심히 심리학과 사람들과 친해지자!!'였다. 그러나 난 이 목표를 이루지 못한 채로 입대를 하게 되었다. 이렇게 목표를 이루지 못한 채로 1년 10개월간 군 복무를 했다.

여자가 한을 품으면 서리가 내린다고 했던가? 남자도 마찬가지 일수 있다는 생각이 든다. 심리학과 생활에 대한 갈증이 깊었던 한 군인은 대학교에 복학하자마자 심리학과를 누비기 시작했다. 심리학과에서 진행되는 행사라는 행사에는 다 참석했다. 그리고 학과 사람들과 친해지고자 수업이 끝나면 옆 사람에게 괜히 말을 걸기도 했다. 지금 와서 생각해보면 좀 낯부끄럽기도 하다.

생각해보라, 처음 보는 23살의 시커먼 복학생이 이것저것 말을 걸고, 아는 척을 했으니 말이다. 그 당시 심리학과 선·후배들도 나를 이상하게 생각하기도 했을 것이다.

그런데, 이렇게 처음 보는 전과생이 여기저기 친해지고자 노력하는 모습이 좋게도 보였는지, 이때 당시 심리학과 회장을 맡고 있었던 형이 나를 불렀다.

"보니까 성격 좋아 보이던데 혹시 내년도에 심리학과 회장을 해볼 생각 없나?"

전과생에다가 이제 막 복학을 해서 아무도 아는 사람이 없는 나에게 심리학과 회장을 하라고? 난 못한다고 했다. 그래도 회장 형은 계속해서 나를 추천했다. 그리고 난 다음 해에 심리학과 회장이 되었다.

꿈은 이루어진다고 했던가? 심리학과 회장이 된 나는 그토록 바라던 심리학과 선·후배들과 친해지기 시작했다. 이렇게 해서 심리학과생으로서의 나의 첫 목표가 달성되었다. 그런데 대학 생활이 어찌 사람들과 친하다고만 되겠는가? 성적이 나의 발목을 잡기 시작했다. 고등학교 시절부터 심리학에 관심이 있어서 관련한 서적이나 다큐멘터리를 자주 보았음에도 불구하고, 대학교 전공 수업으로서의 심리학은 쉽지 않았다.

게다가 나는 생활비를 벌기 위해서 공강 시간을 활용해 노가다(일용직 건설 노동자)를 했었기 때문에 정말 눈코 뜰 새 없이 바빴다. 〈학교를 마치고, 남겨진 편지 한 장〉에서 밝혔다시피 가난했던 우리 가정상황에서 용돈을 타 쓸 수 없으니 난 고등학생 시절 수능시험이 끝난 날부터 계속해서 아르바이트를 해왔다. 고등학생 시절 수능시험이 끝나면 보통 학교에 가도 가서 영화를 보거나 자유시간을 주기 때문에, 새벽 4시에 일어나서 새벽 6시까지 신문 배달을 하고, 등교해서 잠을 자거나 피로를 풀었었다. 이렇게 한 달을 하고 받은 50만 원의 월급. 난 이때 월급을 받았을 당시가 잊히지 않는다. 이 월급을 통장에 넣으면서 앞으로 '이 통장에 엄청 많은 돈이 채워지게 하리라'고 다짐했던 기억이 선명하다.

그리고 대학생 시절에는 감자탕집 서빙, 삼겹살집 서빙, 편의점 등의 아르바이트, 노가다까지 많은 아르바이트를 해왔었다. 그리고 직장을 가지고 있었던 때조차도 저녁에 커피숍 아르바이트와 대리운전을 하기도 했으니, 내가 생각해도 정말 악착같이 살았던 것 같다.

이렇게 아르바이트 생활을 하며, 학생회 활동도 하며, 밀린 공부도 하며 바쁘게 대학 생활을 했다. 그런데, 이렇게 바쁜 대학 생활임에도 난 행복했다. 일단 내가 그렇게 원하던 심리학 공부를 하고 있다는 사실에 그러했고, 내가 내 힘으로 용돈도 벌어서 쓰고, 또 내가 할 수 있는 한 나에게 주어진 상황에 최선을 다하고 있는 자신의 모습이 참 뿌듯했기 때문이었다.

그래서 난 여러분들에게도 혹시 아르바이트를 해야 할 상황이 생기면 아르바이트를 추천하고 싶다. 물론 아르바이트 생활을 하느라 그만큼 공부할 시간이 줄어들기는 하지만, 아르바이트 경험을 통해서 돈의 소중함도 깨달음에 더해서 '나중에 내가 혹시 직장을 못 구하면 아르바이트라도 하지 뭐!'라는 배짱도 생긴다. 하여튼, 나의 대학생활은 이렇게 정신없이 지나갔다.

365일 중, 300일 등교했던 대학원 시절

심리학은 아무리 생각해도 참 매력적인 학문이지만, 큰 단점을 꼽아보라고 하면 공부할 양이 너무 많다는 것이다. 많은 학문이 그러하겠지만 특히 심리학은 추상적일 수 있는 사람들의 마음에 대해서 공부를 하고 연구를 하다 보니, 더 공부할 양이 많은 것 같다. 그래서인지 심리학과의 경우는 대학교 학부만 졸업하고 취업을 하기는 조금 어렵다. 물론 심리학도 여러 분야라 분야마다 차이는 있겠지만 특히 상담심리학의 경우는 상담심리사가 되기 위해서 대학원 석사과정을 기본적으로 졸업해야 하는 것으로 여겨진다. 더군다나 요즘에는 박사과정이 기본이라는 말도 나온다.

이러한 이유로 난 대학교 학부과정을 졸업하자마자 곧바로 대학원 석사과정에 입학했다. 그런데 대학원 생활은 쉽지 않았다. 고등학생 시절부터 심리상담사가 꿈이었고 대학원 생활을 당연히 거쳐야 하는 과정으로 생각했던 나도 대학원 생활을 포기하고 싶을 때가 많았다.

특히나, 논문을 써야 할 때면 정말 당장이라도 대학원 연구실을 뛰쳐나가고 싶었다. 논문을 쓰기 위해 온종일 노트북 앞에 앉아 있어도 한 줄도 못 쓰고 머리를 잡아 뜯으며 연구실 문을 나갈 때가 허다했다.

그리고 논문뿐 아니라 대학원 수업은 거의 모든 수업이 대학원생들이 스스로 준비해서 발표해야 하는 발제 수업이기 때문에 대학교 학부 시절 한 학기에 18학점(6과목)을 들을 때 보다 대학원 시절 9학점(3과목)을 들을 때 공부량이 더 많았다. 그리고 어떤 수업은 아주 잘 번역된 다른 책들이 있음에도 불구하고, 영어 원서를 좋아하시는 교수님이 계셔서 1학기 내내 영어번역을 하기도 했다. 그러다 보니 1년 365일 중, 300일은 학교 연구실에 나와 있었던 것 같다. 연구실에서 공부와 연구는 물론 점심과 저녁 식사, 취침까지 해결할 때도 다반사였다.

이외에도 심리상담사로 취업을 하기 위해 필요한 자격증인 '2급 상담심리사 - 한국상담심리학회' 자격증을 취득하기 위해서는 개인 상담 5사례(50회기 이상), 슈퍼비전 10회(공개사례발표 2회 포함) 이상, 집단상담 2개 집단 이상 참가(집단별 최소 15시간 총 30시간 이상), 심리검사 10사례 이상 실시 및 10사례 이상 해석 상담, 슈퍼비전 5사례 이상, 학회 학술 및 사례 심포지엄 2회 이상을 포함해 분회, 상담사례 토의모임에 총 10회 이상 참여해야 한다. 한 마디로 이 자격증을 취득하는데, 정말 많은 돈과 시간, 에너지가 소요되었다. 더해서 우리들이 더 많이 배우길 바라셨던 지도 교수님께서는 평상시에는 매주 논문세미나와 방학 때에는 매주 스터디 모임을 하기를 원하셔서 아침부터 저녁까지 쉬지 않고 공부를 했다.

돈도 문제였다. 대학교 학부 시절 학비는 국가장학금이라는 제도
를 통해서 1학년 1학기 학비를 제외하고는 감사하게도 계속해서 학
비 지원을 받을 수 있었다. 그러나 대학원 시절 학비는 국가장학금
지원대상에서 제외되기 때문에 그러지 못했다. 논문을 쓰고 공부를
하려면, 대학교 학부 시절처럼 아르바이트를 할 시간도 없었다. 그래
서 난생처음 난 학자금 대출을 받았다. 학자금 대출은 국가에서 적은
이율로 등록금에 해당하는 금액과 1학기에 최대 100만 원까지의 생
활비를 대출해주는 제도였다. 난 1학기에 받을 수 있는 최대한도까
지 대출을 받았다. 그때 당시 학비는 1학기에 200만 원 정도 했었고,
1학기당 100만 원의 생활비를 대출했으니, 2년간 총 1,200만 원 정
도를 대출받은 것이다.

학비를 지원받을 수 있는 다른 제도가 있기도 했다. 전체 대학원
생 중 성적순으로 3명에게 주는 성적 장학생이 있었다. 장학금이 전
체 학자금 중 500,000원 정도만 지원해주는 장학금 제도이긴 하나
500,000원이 어딘가? 난 이 장학금을 타기 위해 공부를 열심히 해 전
부 A+를 맞았고 공동 1등으로 이 장학금을 탔다. 하여튼 대학교 학
부 시절이든 대학원 석사 시절이든 학자금이 많이 들기 때문에 다양
한 제도를 알아보고 그 제도를 활용하는 노력도 필요하다.

사실, 이렇게 돈도 많이 들고, 빡빡한 공부 일정이 힘든 대학원 생

활을 다시 하라고 하면 난 자신이 없다. 그럼에도 불구하고 이러한 대학원 생활은 앞으로의 심리상담사로서 일을 하는데 꼭 필요한 시간이라고 생각한다. 이렇게 대학원 시절만큼 심리학에 몰두해서 공부할 시간이 많지 않기 때문이다. 실제 상담사로 일을 하게 되면 실제적인 상담 경험을 쌓을 수 있긴 하지만, 이론적인 부분을 공부할 시간이 거의 없다. 그래서 대학원생 시절 때 심리학에 대한 이론을 빡삭하게 공부를 할 필요가 있다.

이 세상 모든 사람이 심리학 공부를 했으면 좋겠네

지금에서야 힘든 일이 있으면 심리학을 통해 위로받고, 답을 얻지만, 부모님의 이혼, 가난한 가정형편, 친구 관계, 공부 등의 문제로 힘들었었던 청소년기 시절 난 이러한 마음을 음악으로 위로받곤 했다. 지금은 잘 듣지 않지만, MC 스나이퍼의 〈Where am I〉를 그 당시에는 정말 몇 번이고 반복해서 들으면서 가사의 주인공이 내가 된 양 울곤 했다.

그러나 나처럼 심리적으로 어려움을 겪었던 사람들에게 도움을 주는 삶을 살고 싶다는 마음 하나로 심리상담사가 되고자 꿈을 꾸고 열심히 공부한 결과, 나는 심리상담사가 되었다.

그리고 나는 행복하게 되었다. "왜 나는 행복하지 않을까?", "어떻게 하면 행복해질 수 있을까?" 등의 질문을 달고 살았던 내가 이제는 "선생님 저 죽고 싶어요"라며 상담을 받으러 오는 청소년들을 상담할 정도가 된 것이다.

심리학의 가장 큰 장점은 나 자신에 대해서 잘 알 수 있게 된다는 것이다. 그럼으로써 나도 모르게 반복하게 되는 실수를 줄이고 여러 심리학 기법들을 통해 자신의 마음을 편안하게 유지할 수 있게 된다. 이러한 점이 심리학의 가장 큰 매력이지 않을까 싶다. 일단, 심리학 공부를 하면 할수록 나의 마음과 사람들의 마음에 대해서 잘 알게 되고 이로 인해 나의 행복은 아주 좋은 보험에 가입을 한 사람처럼 든든하게 된다.

더해서 심리학을 공부하면 다양한 대인관계, 그리고 학습주제들까지 우리들의 삶에 아주 중요한 주제들에 대해서도 자연스럽게 배울 수 있기 때문에 삶을 살아가는 데 있어서 아주 유용하다.

"어떻게 하면 사람들과의 관계를 잘할 수 있을까?", "어떻게 하면 나의 분야에서 좋은 성과를 얻을 수 있을까?" 등의 일상생활에서 자주 직면하게 되는 질문들에 대한 답을 얻을 수 있다.

그래서 난 꼭 심리학 분야와 관련된 직업을 목표로 하고 있지 않은 일반인이더라도 심리학은 꼭 배워야 할 학문이라고 생각한다.

그 예로 유명한 스포츠 스타들에게는 전담 심리상담사가 있는 것을 들 수 있다. 어느 분야든지 그 분야에서 일을 하다 보면 슬럼프가 오기 마련인데, 스포츠 분야의 직업인들은 특히 슬럼프에 더 민감하다. 슬럼프가 오면 그 시즌의 경기에 미치는 안 좋은 영향이 크고, 이러한 악영향으로 인해 발생하는 손해가 엄청나기 때문이다. 그래서 담당 스포츠 선수가 심리적으로 어려움을 겪고 있을 때 전담심리상담사가 필요한 것이다.

2018년 1월 한국 선수로는 최초로 메이저 테니스 대회(호주 오픈
테니스 대회) 4강에 진출한 정현 선수의 경우도 전담 심리상담사가 있
었다. 이를 담당한 박성희 박사는 정현 선수가 좌절감에 사로잡히지
않도록 조력을 했다. 김연아 선수, 장미란 선수와 같은 세계적인 선
수들도 전담 심리상담사가 있었다. 이러한 조력의 결과로 이들은 여
러 대회에서 좋은 성적을 낼 수 있었다.

또한 2018년 우리나라에서 개최되었던 '평창 동계올림픽'에서도
최초로 선수단을 상시 심리 상담을 해주는 시스템이 도입되기도 했
었다. 이처럼 심리학(특히, 상담심리학)을 공부하는 것은 우리의 삶에
유용하다.

그리고 심리학을 공부하면 우리는 우리 자신의 전담 심리상담사
가 된다. 내가 힘들 때 어떠한 것으로 힘든지, 내가 이러한 힘듦을 극
복하려면 어떻게 해야 하는지, 가족, 지인, 회사 동료들 등 사람들과
갈등이 생겼을 때 어떻게 해야 하는지 등의 주제들에 대해 잘 대처
할 수 있게 되는 것이다.

그래서 나는 이 세상 모든 사람이 심리학 공부를 했으면 좋겠다고
생각하는 사람 중의 한 사람이다. 나는 심리학 공부를 하면 사람들이
각자 걱정하고 있는 관계 문제, 취업 문제, 돈 문제 등을 더 원활히
해결할 수 있다고 확신한다.

상담심리학, 임상심리학, 산업심리학, 인지심리학, 생물심리학 등 심리학은 분야가 광범위해서 자신의 고민과 연결이 되는 심리학 서적을 공부한다면 그 고민을 해결하는데 분명히 도움을 받을 수 있다고 생각한다.

나는 특히 사람들에게 상담심리학을 공부할 것을 추천한다. 내가 상담심리학을 전공했기 때문에 더 자신 있게 추천할 수 있다. 일단, 상담심리학을 공부하면 내 마음의 주인이 내가 될 수 있다.

이 말은 굉장히 중요한 말이고, 앞으로 살아가는데 굉장히 유용한 말이다. 누군가는 '내 마음의 주인은 당연히 내가 주인 아니에요?'라는 질문을 할지 모르겠다. 그렇다. 그런데 많은 사람이 자신의 주관은 없이 다른 사람에게 맞추며 산다. 타인이 자신의 마음의 주인인 것이다.

쉬운 예로, 친구들과 식당에 가서 메뉴를 주문할 때, "너 뭐 먹을래?" 하면 "그냥 아무거나"라고 하는 사람을 들 수가 있다. 그러고 나서 다행히 음식이 맛있으면 괜찮지만, 음식이 맛이 없으면 "맨날 쟤는 자기 먹고 싶은 것만 먹어"라며 남의 탓을 한다. 자기가 자신 마음에 드는 음식을 주문하지 않으니, 자신의 마음에 들지 않는 음식이 나올 확률이 높음에도 불구하고 말이다.

또 다른 예로, 다른 사람의 평가에 너무 좌지우지 당하는 경우이다. 누군가가 나에게 "너 너무 못생겼어!"라고 말하면 온종일 기분이 안 좋다. 그리고 더 심각한 경우는 이 말을 마음에 담고 계속해서 '난 못생긴 사람이야'라고 자책을 하며 살아간다.

그러나 내가 내 마음의 주인인 사람들은 누가 "너 너무 못생겼어!"라고 말하면, 이 말에 좌지우지되지 않는다. 동시에 그러한 상황을 잘 모면할 수 있는 말을 할 수 있다. "(생긋 웃으며)너의 눈에 그렇게 보이는구나~ 뭐 어쩌겠어~ 난 내 얼굴이 마음에 들어"처럼 말이다. 그런데 어린 시절부터 자존감을 잘 높일 수 있는 상태로 양육이 된 사람들은 이런 식으로 잘 대처한다. 그러나 그러한 사람들은 많지 않다. 따라서 난 모든 사람이 상담심리학 공부를 하거나 실제로 상담을 받았으면 좋겠다.

저자인 나도 청소년기 시절 그리고 대학생 시절까지 외모에 대한 열등감이 심했었다. 그래서 특히나 청소년기 시절에 외모에 대한 지적을 받으면 그나마도 없었던 자존감이 땅 밑으로 꺼지곤 했었다. 그런데 관련해서 심리학을 공부하고 상담을 받으면서 문제가 나의 외모에 있는 것이 아니라 나 자신을 스스로 생각하는 나의 마음이 문제라는 것을 알게 되었고, 그 후로는 외모에 대한 콤플렉스가 사라졌다.

이처럼 상담심리학을 공부하거나 상담을 받으면 나의 마음 상태가 어떠한지에 대해서 그리고 나의 마음 상태가 어떠한 이유로 지금 상태인지에 대해서 알 수 있게 되고, 이를 극복할 수 있게 되고 이로써 나의 마음의 주인이 될 수 있는 것이다. 이렇게 되면 훨씬 행복한 생활을 할 수 있게 된다. 위의 예와 같이 일단 나에 대해 명확히 알게 됨으로써 내가 먹고 싶은 것을 당당히 시켜 먹음으로써, 또 그 누구의 비난에도 좌지우지되지 않음으로써 더 행복할 수 있다.

관련한 예로 김새해 작가의 책《내가 상상하면 현실이 된다》에 소개된 마더 테레사 수녀님의 사례를 하나 들고 싶다. 마더 테레사 수녀님께서 고아원의 아이들을 데리고 모금 활동을 위해 한 맥주 집에 들어갔다. 그리고는 맥주집에 있는 사람들을 대상으로 모금활동을 시작했다. 그런데 갑자기 어느 남성이 자신이 테레사 수녀님에게 다가오더니 먹던 맥주를 테레사 수녀님에게 끼얹었다.

여러분들 같으면 어떻게 반응을 하겠는가? 생판 모르는 사람이 여러분에게 맥주를 뿌린 것이다. 테레사 수녀님께서는 온화한 미소로 그 남성을 바라보며 말했다.

"저에게 맥주를 선물해주셨군요, 이 불쌍한 아이들을 위해서는 무엇을 선물해주시겠습니까?"

일순간 술집은 조용해졌다. 그러더니 다른 사람들이 한 사람씩 모금함에 돈을 넣기 시작했다. 그 남성은 당황했다. 그리고 남성은 테레사 수녀님께 미안한 생각이 들었는지 자신도 모금함에 돈을 넣고자 지갑을 꺼내다가 자신의 명함을 떨어뜨렸다.

테레사 수녀님께서는 그 명함을 주우면서 그 남성에게 말했다.

"감사합니다. 아이들이 당신의 이름을 기억할 것입니다."

그 남자는 아무 말도 하지 못했다. 아마도 그 남자는 마더 테레사 수녀님의 위대한 반응에 바들바들 떨고 있었을 것이다. 물론, 마더 테레사 수녀님께서 심리학 공부를 하고 상담을 받으셔서 이러한 반응을 하실 수 있었는지는 알 수 없다. 그러나 우리는 심리학 공부를 통해서 그리고 상담을 받음으로써 이러한 내공을 쌓을 수 있다.

그리고 심리학을 공부하거나 상담을 받으면 당연히 대인관계도 더 잘할 수 있게 된다. 왜냐하면 대인관계는 나도 모르게 나오거나 하게 되는 성격이나 행동들에 의해서 영향을 많이 받는데, 심리학을 공부하거나 상담을 받으면 무의식적으로 나오는 나의 성격이나 행동들에 대해서 다룰 수 있게 되기 때문이다.

예를 들어서 나도 모르게 자꾸 삐지고 소심하게 되는 사람이나 나도 모르게 자꾸 화를 내게 되는 행동으로 인해 친구들과의 관계가 안 좋아지는 것을 더 좋게 만들 수 있는 것이다.

이외에도 공부, 하고자 하는 일들도 잘 해낼 수 있게 된다. 여러분들도 공부를 하거나 하고자 하는 일을 할 때, 마음이 불안하거나 초조하면서 잘 집중이 안 되었을 때가 있을 것이다. 심리학을 공부하거나 상담을 받으면 이럴 때, 내 마음이 왜 불안한지 왜 초조한지에 대해서 잘 알 수 있고, 잘 다룰 수 있게 됨으로써 공부나 하고자 하는 일에 더 집중할 수 있게 되는 것이다.

심리상담사로 일을 하다 보면 "저에게 상담이 필요할까요?", "제가 상담을 받으면 괜찮아질 수 있을까요?"라는 질문을 종종 받는다. 그러면 나는 "그럼요, 저는 이 세상 사람들 모두가 상담을 받았으면 좋겠어요.", "사람마다 시간차가 있겠지만 괜찮아질 수 있습니다." 라고 대답한다. 실제로 그러하다. 저자인 나도 상담을 통해서 훨씬 행복한 삶을 살고 있고, 상담을 통해서 변화된 사람들을 많이 보았기 때문에 당당하게 말할 수 있다.

물론 "저는 상담 받아봤는데 별로 효과 없었어요."라고 말하는 사람도 있을 것이다. 사실, 우리가 어떠한 문제나 습관을 지니게 될 때는 몇 년에서 몇십 년이 걸린다. 그런데 이러한 문제가 일주일에 1회씩 몇 번 상담을 받고 해결이 되기를 바라는 것은 욕심이다. 이러한 문제를 해결하려면, 이 문제가 만들어진 시간만큼은 아니더라도 꾸준하고 지속된 상담이 필요하긴 하다. 그리고 "저는 굳이 상담 안 받아도 돼요. 전 행복해요."라고 말하는 사람도 있을 것이다. 일단, 현재 본인의 상태가 행복하다는 것은 너무도 축하할 일이다. 그런데 상담을 받으면 그 행복이 더 배가 될 것이라고 말해주고 싶다.

상담은 어떤 식으로
진행이 될까?

상담은 어떤식으로 진행이 될까?

나는 이 책에서 여러분들에게 줄곧 심리상담을 권유해왔다. 너무 맛있는 음식을 먹거나 너무 좋은 곳을 보게 되면 내가 사랑하는 사람에게 추천하고 싶듯이 팔불출처럼 무작정 여러분들에게 심리상담을 권유한 것이 아닌가 싶다.

그래서 이 부록에 상담 사례를 하나 실었다. 여러분들이 이러한 상담 사례를 보면 상담이 어떻게 진행되는지 조금 더 이해할 수 있게 되고, 상담을 더 호의적으로 생각하게 되길 바라는 마음에서이다.

실제 사례를 소개하면 좋지만, 내담자들의 개인정보는 보호되어야 하기에 가상의 사례를 만들어 보았다. 가상의 사례다 보니까 실제 개인 상담 장면과 다를 수 있으나 비슷하다고 생각하면 된다.

• 내담자 인적사항

김○○/ 남/ 17세/ 고등학교 1학년 재학 중

• 주 호소문제

  대인관계가 힘들어요.

상담자 :: 안녕하세요. ○○친구. 이렇게 상담실에 찾아오기가 쉽지
         않았을 텐데 반갑네요. 이렇게 처음 상담을 시작하는데 느
         낌이 어떠세요?

내담자 :: 약간 긴장돼요.

상담자 :: 긴장이 될 수 있어요. 혹시 어떤 점이 긴장되는지 이야기
         해줄 수 있어요?

내담자 :: 그냥 제가 상담을 처음 받아봐서요.

상담자 :: 그럼요. 처음에는 누구나 긴장할 수 있어요.

내담자 :: 네.

상담자 :: 좋아요. ○○친구. 그럼 본격적으로 상담을 시작하기 전
         에 앞으로 진행될 상담에 대해서 설명해 드릴게요. 앞으
         로 상담은 1회기에 1시간씩 10회기를 진행하는 것으로 하
         고, 만약 ○○친구가 상담을 더 받고 싶으면 다시 상의해
         서 더 진행할 수 있어요. 그리고 중간에 상담을 그만 하고
         싶으면 그만 할 수 있어요. 또 상담시간을 변경하고 싶
         거나 늦을 것 같을 때에는 미리 연락을 주시기 바랄게요.

내담자 :: 네.

상담자 :: 상담내용은 절대적으로 비밀이 보장이 되어요. 단, 지금부
         터 말씀드릴 3가지의 경우에는 비밀 보장이 되지 않을 수

있는데, 그렇다 하더라도 ○○친구에게 미리 동의를 구할 것이에요.

첫 번째, ○○친구가 위험에 처한 경우에요. 예를 들어서 ○○친구가 누군가에게 폭행을 당하고 있는 상황이라면 저는 ○○친구를 지키기 위해 ○○친구의 상황을 부모님이나 경찰에게 알릴 수밖에 없어요. 물론 ○○친구에게 미리 이러한 내용에 대해서는 비밀을 지킬 수 없다고 이야기를 할 것이에요.

두 번째, ○○친구가 누군가를 위험에 빠트릴 수 있는 상황이에요. 예를 들어서 ○○친구가 전염병에 걸려 있는 상황이라면 ○○친구를 위해서 또 주변 사람들을 위해서 ○○친구의 전염병 사실을 이야기 할 수밖에 없어요.

세 번째는 ○○친구에게 더 효과적인 상담을 진행하기 위해서 ○○친구와 선생님이 나눈 상담 사례를 선생님의 교수님께 지도를 받을 수 있어요. 물론, ○○친구의 이름이나 나이 등의 개인정보는 다 없앤 상태이고, 이러한 지도를 받기 전에 ○○친구에게 미리 이야기를 할 것이에요. 그리고 만약 ○○친구가 허락하지 않으면 이러한 지도를 받지 않을 것이에요.

내담자 :: 네.

상담자 :: 좋아요. 그럼 먼저 이렇게 상담을 신청하게 된 이유를 좀 말해줄 수 있을까요?

내담자 :: 제가 대인관계를 잘 하고 있는지 모르겠어요. 제가 감정을 잘 표현 못하는 것 같아요. 평상시에는 감정을 잘 표현 안 하다가 사람들한테 솔직하게 표현하면 사람들이 그걸 듣고 기분을 나빠해요.

상담자 :: ○○친구가 정서 표현을 안 하다가 사람들한테 표현 하니까 사람들이 뭐라고 했나 보네요?

내담자 :: 네, 맞아요.

상담자 :: 혹시 최근에도 그런 일이 있었나요?

내담자 :: 네. 이 이야기를 1, 2번 들은 게 아니라 주위 친구들한테 여러 번 들어요. 이런 일로 친구랑 사이가 틀어질 때가 있어서 스트레스를 받아서 상담을 신청하게 됐어요.

상담자 :: 친구들이 ○○친구에게 그런 말을 하면 속상할 것 같아요. 그래도 이러한 상황을 극복해보고자 상담을 신청하신 것이 참 멋지네요. 그럼 어렸을 때도 이러한 일이 있었다는 것이죠?

내담자 :: 네. 기억에 남는 일은 중학교 때 제가 한 친구랑 싸우고 화가 나 있었는데, 옆에 짝꿍이 저한테 "네가 잘못 한 거야"라는 말을 해서 제가 완전 화가 난 거예요. 그래서 제가 그 친구한테 "나대지 마!!"라며 엄청나게 퍼부었어요. 맨날 말을 조심하려고 하는데 그게 잘 안 돼요.

상담자 :: 그런 일이 있었나 보네요? 그 상황이라면 저도 화가 났을 것 같아요. 그래도 ○○친구는 자신의 행동에 대해서 반성

도 하고 고치려고 노력을 하네요?

내담자 :: 네. 자주 후회해요.

상담자 :: 이렇게 자신을 반성하고 고치려고 노력하는 행동은 아주 좋은 행동이에요. 그런데, ○○친구가 이렇게 갑자기 화가 날 때는 어떤 상황인 것 같아요?

내담자 :: 조금 억울하다 싶을 때 그런 것 같아요. 그게 아닌데 남들이 저를 오해할 때요. 저는 A라고 말을 하는데 사람들이 B로 이해할 때 너무 답답해요. 제가 잘 못 해서 꾸중을 받는 것은 괜찮은데 억울하게 혼날 때는 화를 못 참겠어요.

상담자 :: 기억에 남는 억울한 상황이 있을까요?

내담자 :: 지금 생각하려니까 잘 생각나지는 않지만, 아빠가 좀 엄하셨었어요. 저는 나름 열심히 한다고 했는데, 아빠 마음에 들지 않으면, 신경질적으로 혼이 났거든요(눈물). 아 울기 싫은데…… 죄송해요.

상담자 :: 괜찮아요. ○○친구. 울 수도 있죠. 우는 것은 잘못된 것이 아니에요. 하여튼 ○○친구는 열심히 한다고 했는데, 아버지한테 혼을 내시면 정말 억울하고 슬펐을 것 같아요.

내담자 :: 맞아요. 한 번은 친구들이랑 놀다가 집에 조금 늦게 들어갔고 이때도 많이 혼났어요(눈물).

상담자 :: 아이고. 정말 많이 힘들었겠네요. 그럼 지금까지 이런 힘든 상황을 혼자 참아왔어요?

내담자 :: 네.

상담자 :: 아이고…. ○○친구 많이 힘들었겠네요.. 앞으로는 이러한 힘듦을 혼자 견디지 말고 상담실에서 선생님한테라도 털어놓았으면 좋겠어요.

내담자 :: 네…….

상담자 :: 그런데 선생님이 ○○친구 이야기를 들으면서 생각해 봤는데, ○○친구가 자신도 모르게 화를 내게 되는 것이 아버지와의 관계와 연결될 수 있을 것 같다는 생각이 들었어요.

내담자 :: 그래요? 저는 그렇게 생각하지 못 했어요.

상담자 :: 사람들은 누구나 아물지 않은 마음속 상처를 가지고 살아가거든요? 그런데 아직 딱지가 생기지 않은 상처에 무엇인가 닿으면 엄청 아프잖아요?

내담자 :: 네.

상담자 :: 그런 것처럼 우리의 마음속 상처도 아직 아물지 않은 상태에서 비슷한 상황에 처하면 자신도 모르게 화가 나거나 더 힘들어지는 것이에요.

내담자 :: 그럼 저는 어떻게 해야 해요?

상담자 :: 그러한 마음속 상처가 아물려면 그 상처를 준 사람에게 진정한 사과를 받으면 좋아요. 혹시 아버지께 상담실에 와서 같이 상담을 받자고 하면 아버지께서 동의하실까요?

내담자 :: 아니요. 그건 힘들 것 같아요.

상담자 :: 그래요. 많은 부모님이 상담실에 오기 어려워하세요. 그

래서 우리는 우리의 상처를 우리가 보듬어 줄 필요가 있어요. ○○친구가 이렇게 상담실에 찾아온 것도 상처를 보듬는 것이라고 볼 수 있어요. ○○친구가 만약 상담실에 찾아오지 않았다면 계속 혼자 힘들어했을 것이니까요.

내담자 :: 네.

상담자 :: 그래서 앞으로 이렇게 같은 시간에 일주일에 1회씩 상담을 진행하고, 다음 시간에는 ○○친구가 스스로 자신의 상처를 보듬어 주는 방법에 관해서 이야기를 나누어 봤으면 좋겠어요.

내담자 :: 네.

상담자 :: 그럼 앞으로 ○○친구와 상담에서 다룰 목표를 '억울한 상황에서 화내지 않기'로 해도 괜찮을까요?

내담자 :: 그것보다는 '억울한 상황도 잘 대처해서 사람들과 대인관계 잘하기'로 했으면 좋겠어요.

상담자 :: 좋아요. 그럼 앞으로 '억울한 상황을 잘 대처하고 사람들과 대인관계 잘하기'를 목표로 상담을 진행하도록 하죠.

내담자 :: 네.

상담자 :: 어느새 오늘 상담을 마무리할 시간이 되었네요. 00 친구 오늘 이렇게 1시간 정도 상담을 받으면서 어떤 생각이나 느낌이 들었는지 이야기 해 줄 수 있어요?

내담자 :: 이런 상황을 아무한테도 이야기 못 했었는데, 오늘 선생님께 이야기를 하니까 시원했어요. 그리고 아빠한테 혼났

던 기억이 요즘 사람들하고의 관계까지 영향을 미칠 줄
몰랐어요.

상담자 :: ○○친구가 시원했다니까 선생님도 너무 좋네요. 그리고
맞아요. 우리는 누구나 어린 시절에 생긴 상처가 있고 그
상처가 지금까지 영향을 미치죠. 앞으로 차근차근 상담을
통해서 풀어갔으면 좋겠어요.

내담자 :: 네. 감사합니다.

상담자 :: 그래요. ○○친구. 그러면 다음 주 같은 시간에 여기서 뵙
도록 해요.

내담자 :: 네.

이 사례에 등장하는 ○○은 자신에게 억울한 상황이 발생하면 이
를 더 차분하게 대처하기보다는 화를 벌컥 내면서 상황을 더 악화시
킴으로써 대인관계에 문제를 겪고 있었다. 이러한 점에 대해서 상담
을 통해 탐색한 결과 ○○은 어린 시절 엄격한 아버지에게 많이 혼이
나며 자랐고, 이에 대한 억울함, 분노 등이 쌓여 일상생활에서도 억
울한 상황이 되면 분노를 참지 못하게 된 것이다.

이에 대해 상담을 통해 상담자는 ○○이 겪은 어린 시절의 억울함
에 대해서 위로해주고 공감해준다. 그리고 ○○이 자신의 문제가 어
린 시절의 상처에서 비롯되었음을 깨닫게 해줌으로써 앞으로 ○○이
스스로 자신의 분노를 조절할 수 있도록 돕는 것이다.

그러나 상담을 통해 자신의 문제와 만나고 이를 해결해나가는 과

정은 이 사례처럼 쉽지 않다. 이 사례는 가상의 사례다 보니까 몇 회기의 상담을 거쳐서 진행될 수 있는 내용을 압축한 것이다. 실제 이렇게 자신의 문제를 만나고 해결하는데 에는 짧게는 몇 회기 길게는 수십 회기의 상담이 필요하다.

그럼에도 불구하고 나는 여러분들에게 상담을 받아볼 것을 추천한다. 많은 시간이 필요할지 모르지만, 이러한 상담을 통해 여러분들은 분명 더 행복해질 것이고, 성장할 것이기 때문이다.

성인들은 이러한 상담을 1회기에 적게는 5만 원 많게는 15만 원의 비용을 내며 상담을 받는다. 그런데 청소년기인 여러분들은 이러한 상담을 '청소년상담복지센터'나 'Wee 센터' 등 국가에서 운영하는 상담센터를 통해 다 무료로 받을 수 있다. 이러한 혜택을 부디 많이 누리기 바란다.

마음의 병은 어떻게 치료할까?

마음의 병(정신질환)은 어떻게 치료할 수 있을까? 이에 대한 답을 얻으려면 다양한 심리치료 이론에 대해 알고 있으면 좋다. 따라서 이번 절에서는 대표적인 심리치료 이론 5가지〔정신분석이론, 인간 중심 이론, 인지행동치료 이론, 현실치료 이론, 스트레스-취약성 모델〕에 대해 살펴봄으로써 우리가 어떠할 때 마음의 병에 걸리고, 그럼 어떻게 해야 이를 극복할 수 있는지에 관해서 이야기를 하고자 한다. 이론 이야기가 따분하게 읽힐까 봐 최대한 쉽게 썼으니 읽어주기 바란다. 분명 여러분들에게 도움이 될 것이다.

지그문트 프로이트Sigmund Freud는 오스트리아 신경과 의사로서 그 유명한 '정신분석 이론'을 창시했다. 프로이트는 '정신분석 이론'을 창시하기 전에, 최면술에 관심이 있었는데, 프로이트의 동료 의사 브로이어가 심한 히스테리 환자였던 한 소녀에게 최면술을 걸어 병을 일으키게 된 사건에 관해 이야기하게 했고, 이로 인해 이 소녀의 병이 호전되는 것을 보고 최면술을 연구하기 시작했다. 그러나 이후, 프로이트는 최면술에 문제점이 있다고 보고 대신 환자 머릿속에 떠오르는 생각을 숨기지 않고 이야기하는 방법을 치료방법으로 사용하면서 이를 '정신분석'이라고 불렀다.

여기서 프로이트의 '정신분석 이론'의 중요한 개념인 '무의식'이 등장한다. 프로이트는 사람들의 의식구조를 〔그림 23〕과 같이 의식, 전의식, 무의식으로 구성되어 있다고 생각했다.

의식은 현재 우리들이 인식할 수 있는 사고, 감정, 지각 등이다. 전의식은 현재는 의식되지 않지만 의식하고자 할 때 의식화할 수 있는 기억, 꿈 등을 말한다. 무의식은 우리가 전혀 의식할 수 없는 부분으로 우리들의 정신구조의 가장 큰 부분을 차지한다. 그리고 프로이

〔그림 23〕

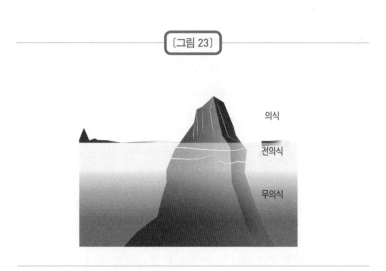

트는 사람들이 머릿속에 떠오르는 생각을 다 이야기 하게 하는 정신분석을 실시하면서 사람들의 무의식을 의식화 하는 작업을 통해 사람들의 심리적인 문제를 치료했다. 사람들이 자신의 무의식을 깨닫게 해주는 것이다.

그럼 이렇게 환자들에게 생각이 나는 데로 이야기를 하게 함으로써 '무의식의 의식화'를 시키는 것이 어떻게 환자들을 치료할까? 프로이트는 사람들 모두가 기본적인 '성욕'과 '공격욕'을 가지고 있고 사람들이 하는 행동들이 모두 이 성욕과 공격욕으로부터 나왔다고 생각했다. 이 성욕과 공격욕이 무의식에 내제되어 있는 것이다.

그러니까 프로이트의 생각에 따르면, 이렇게 우리들이 느끼지 못하는 무의식의 상태로 성욕과 공격욕이 나올 때 사람들은 이를 억압하거나 부인하게 되고 이때 정신질환을 겪게 되는 것이다. 따라서 프로이트는 환자들이 무의식 상태의 성욕과 공격욕을 자연스럽게 표현하도록 돕고 의식할 수 있도록 도와줌으로써 치료했다. 여기서 자연스럽게 표현하도록 한다는 것은 치료시간에 언어적으로 표현하도록 하는 것이다.

프로이트는 '정신분석 치료기법'을 통해서 많은 환자들(특히, 히스테리 환자)을 치료했다. 그리고 여기서 우리가 주목해야 할 부분은 바로, '무의식의 의식화'이다. 무의식에는 프로이트가 말한 성욕과 공격욕뿐만 아니라 우리가 어린 시절 경험한 상처들까지도 함께 섞여 있어서 환자들이 이러한 자신의 어린 시절 상처들에 대해서 깨달을 수 있게 되고, 치료가 되는 것이다. 따라서 우리가 심리적인 어려움에서 벗어나려면 우리는 우리들이 느끼는 다양한 욕구(본능)나 어린 시절 경험한 상처들에 대해 이야기를 하면서 의식화시키고 이를 수용해야 하는 것이다.

프로이트가 사람들을 욕구에 휘둘리는 존재로 보았다면, '인간 중심 상담'을 창시한 미국의 심리학자 칼 로저스Carl Rogers는 사람들은 유기체로서 자신을 실현화하기 위한 기본적인 동기를 갖고 있다고 보고, 사람들을 원래 충분히 기능하는 사람Full Functioning Person으로 보는 긍정적인 인간관을 가지고 있었다.

칼 로저스에 따르면 사람들은 태어난 그대로 완전한 존재인데 살면서 다양한 상처를 경험하게 되고 이로 인해서 마음의 병이 생긴다고 보았다. 따라서 '인간 중심 상담'에 따르면 환자들의 마음의 병을 치료하려면 상담자가 환자들을 평가하지 말고 환자들의 모든 면을 있는 그대로 받아들여 독립된 인격체로 인정하는 '무조건적 긍정적 존중'과 환자들이 생각하는 생각, 감정, 경험에 대해 정확하게 이해하는 '공감적 이해', 그리고 환자와 상담자 간의 관계에서 가식적인 모습이 아닌 '진실성, 일치성'을 보여주면 치료가 된다고 본 것이다. 그리고 실제로 이러한 방법으로 많은 환자들을 치료했다. 참고로 난 칼 로저스의 이론을 좋아한다.

그런데, 칼 로저스의 '인간 중심 상담'의 효과와 프로이트의 정신분석에 대해 회의를 느낀 한 심리학자가 있었다. 바로, '인지정서행동 심리치료'를 개발한 알버트 엘리스Albert Ellis였다. 알버트 엘리스는 심리적인 문제가 우리들의 사고 · 신념, 감정, 욕망, 행동이 서로 상호작용하지 못할 때 발생한다고 보았다. 따라서 우리가 어떠한 선행사건Activation events에 대해서 어떠한 사고 · 신념체계Belief system을 가지고 있고 이로 인해 발생된 결과Consequence로서 어떠한 정서나 행동을 보이는지를 파악해서 잘못된 점이 있다면 논박Dispute을 통해 비합리적인 신념을 합리적인 신념으로 바꾸게 함으로써 긍정적인 효과Effect를 얻게 하는 심리치료인 '합리적 정서행동치료REBT'를 개발했다.

[표 2]

선행사건(A)	신념체계(B)	결과(C)	논박(D)	효과(E)
• 중간고사 성적이 떨어졌다		• 우울하다 • 엄마에게 혼난다		

예를 들어서 성적 저하로 인해 심적인 어려움을 겪고 있는 청소년에게 합리적 정서행동치료를 한다고 하면 [표 2]와 같이 상담을 진행할 수 있다. 위의 선행사건(A), 신념체계(B), 결과(C), 논박(D), 효과(E)를 활용해서 말이다. 먼저 A와 C를 작성한다.

그리고 [표 3]과 같이 선행사건(A)이 결과(C)가 나타나게 하는 중간의 신념체계 부분을 적게 한다.

여기서 주목해야 할 것은 선행사건(A)이 곧바로 결과(C)로 이어지

[표 3]

선행사건(A)	신념체계(B)	결과(C)	논박(D)	효과(E)
• 중간고사 성적이 떨어졌다	• 성적이 떨어지면 나의 인생이 망한다	• 우울하다		

지 않았다는 점이다. 중간고사 성적이 떨어졌다는 사실 자체 [선행사건(A)]가 곧바로 우리를 우울하게 만드는 것이 아니라 우리들의 신념체계(B)에 영향을 받아 우리를 우울하게 만든다. 예를 들어서 어떤 친구는 성적이 떨어졌지만, 성적이 떨어진 것이 자신의 인생에 미치는 영향이 그다지 크지 않다고 판단해서 별로 신경 안 쓰는 친구도 있다는 말이다.

그러니까 여러분도 눈치를 챘을지 모르겠지만 결론적으로, 우리가 좋은 결과를 얻으려면 논박(D)을 통해서 신념체계(B) 부분을 수정해야 한다. 예를 들어서 위의 사례로 보면 신념체계(B)를 [표 4]와 같이 바꾸어보자.

그러면 결과(C)가 달라질 것이다. [표 5]와 같이 달라질 수도 있겠다.

이 방법은 심리치료 장면에서 실제로 쓰이는 장면인데, 여러분들이 혼자서도 활용해도 충분히 좋은 결과를 얻을 수 있을 것이다.

[표 4]

선행사건(A)	신념체계(B)	결과(C)	논박(D)	효과(E)
• 중간고사 성적이 떨어졌다	• 성적이 떨어졌지만, 성적이 나의 인생에 미치는 영향은 적어 • 매번 성적이 잘 나올 수는 없어. 성적이 안 나올 때도 있어	• 우울하다 • 엄마에게 혼난다		

프리츠 펄스Fritz Perls는 독일의 정신과 의사로서 '게슈탈트 심리치료'를 개발한 사람이다. 게슈탈트 심리치료에서는 '지금, 여기Here & Now' 개념을 굉장히 중요시한다. 환자들이 심리적인 어려움을 겪는 이유도 '지금, 여기Here & Now'에 존재하지 못하고 자기 자신의 현재 상태를 알아차리지 못해 쌓인 미해결된 과제 때문이라고 생각한다. 예를 들어서, 수학 시간에 국어 공부를 하고, 국어 시간에 영어 공부를 하는 것을 생각하면 되지 않을까 싶다.

그리고 사람들은 살아가면서 순간, 순간마다 과제가 있고 이를 집중해야 하는데 이를 회피하거나 부정함으로써 문제가 발생한다고 보았다. 그래서 게슈탈트 심리치료의 목표는 자기 자신과 타인 및 환경에 대해 알아차림을 통한 개인의 성장과 통합이라고 보았다. 내가 앞에서 계속해서 느낌노트, 적기의 중요성, 편도체의 안정을 강조한 것도 바로 이 원리이다. 따라서 펄스는 내담자와 상담을 하면서 내담자가 스스로 알아차림을 할 수 있도록 돕는 것에 힘썼다.

　다음 심리치료 이론으로는 여러분들이 느끼기에 굉장히 차갑고 냉정하게 느껴질 수 있는 심리치료, '현실 심리치료'를 소개할까 한다. 현실 심리치료는 미국의 정신과 의사였던 윌리엄 글래서William Glasser가 개발한 심리치료 기법이다. 현실치료는 환자들이 우울이나 불안을 스스로 선택한 것이라고 본다(이 부분이 굉장히 냉정하게 느껴질 것이다). 환자들이 스스로 우울이나 불안을 선택한다는 게 언뜻 생각하면 이해가 잘되지 않을 것이다. 그러나 윌리엄 글래서의 이야기를 들으면 여러분도 조금은 수긍이 될지 모르겠다. 그럼 윌리엄 글래서는 왜 개인이 우울하거나 불안하거나 또는 심리적으로 비참하기를 선택한다고 보았는지 살펴보자.

　첫째, 우울하기 혹은 불안하기를 선택함으로써 개인은 자신의 분노의 감정을 계속 통제할 수 있다.

　둘째, 사람들은 타인이 자기를 돕게 만들기 위해 우울하기 혹은 불안하기를 선택한다.

　셋째, 인간은 무언가를 귀찮아하는 것을 보다 효과적으로 변명하기를 위해 고통스럽고 불행하기로 선택한다.

〔표 5〕

선행사건(A)	신념체계(B)	결과(C)	논박(D)	효과(E)
• 중간고사 성적이 떨어졌다	• 성적이 떨어졌지만, 성적이 나의 인생에 미치는 영향은 적어 • 매번 성적이 잘 나올 수는 없어. 성적이 안 나올 때도 있어	• 아쉽긴 하지만 다음번에는 열심히 해야겠다는 생각이 듦		

넷째, 우울하기 혹은 불안하기를 선택하는 것은 타인에 대한 강력한 통제력을 얻도록 도와준다.

쉽게 예를 들어보자. 우리는 누군가에게 부당한 대우를 받았을 때, 화를 내기보다 우울하기를 선택함으로써 그 상황을 모면할 수 있다. 우리는 우울함을 선택함으로써 타인이 나를 돕도록 할 수 있다. 우리는 하기 싫은 일을 아프다는 핑계로 안 할 수 있다.

아마 여러분들도 주변 친구가 갑자기 우울해하면 우리가 그 친구를 더 배려하게 되고 돕게 되는 경험이 있을 것이다. 그러니까 현실치료 이론에 따르면 환자들은 위와 같은 장점으로 인해 자신도 모르게 우울이나 불안 또는 심리적으로 비참해지기를 선택하게 된다고 말한다.

그렇다면 이러한 환자들을 현실치료에서는 어떻게 치료할까? 바로, 환자가 스스로 자신의 행동에 책임질 수 있도록 돕는 것이다. 방법은 환자가 자신이 자신도 모르게 우울이나 불안을 선택하는 것을 깨닫도록 하면 된다. 물론, 환자가 이렇게 느끼게 하기가 쉽지는 않겠지만 말이다.

우리는 지금까지 '정신분석', '인간 중심 상담', '합리적 정서행동치료', '게슈탈트 심리치료', '현실치료' 이렇게 5가지의 심리치료 이론들을 살펴보았다. 사실 현재 시행되고 있는 심리치료 이론의 개수만해도 1,000개 이상으로 알려져 있고, 이 중에서도 대표적인 심리치료이론만을 꼽는다고 해도 20가지 정도가 된다. 그런데, 여기서 이많은 심리치료 이론을 다루지는 못하고 그중에서도 내가 생각하기에여러분들이 알면 좋을 것 같은 이론 5가지를 가져왔다.

어떠한 청소년은 "그럼, 위의 5가지 이론 중 한 가지만 꼽으라면어떠한 이론을 꼽아야 해요?"라는 질문을 할지 모르겠다. 사실, 이는 대답하기가 쉽지 않은 질문이다. 심리적인 어려움을 호소하는 내담자들은 다 각자만의 심리적인 어려움, 가정환경, 성격, 기질 등을가지고 상담실에 방문한다. 따라서 이렇게 다양한 주제로 상담실을찾아오는 내담자에게 한 가지 이론으로만 상담을 진행할 수는 없기때문이다.

그럼 "그 많은 심리치료 이론들을 다 공부해야 해요?"라고 묻는 청소년이 있을지 모르겠다. 그러면 좋긴 하겠지만, 쉽지 않다. 상담심리

[그림 24]

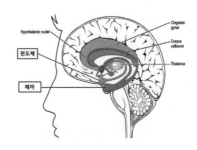

학을 공부해보면 알겠지만, 한 가지의 이론을 배워서 한 가지 이론만을 제대로 활용하는 것도 많은 시간이 소요되기 때문이다.

다만, 위의 이론들을 뇌 과학적으로 바라보면 환자들에게 행해야 할 심리치료 방법들이 조금 더 명확해지기는 한다. 〈선생님, 저 죽고 싶어요〉에서 이야기했던 마음의 그릇을 기억할지 모르겠다. 태아 때부터 심리적인 상처가 쌓여서 그릇의 용량이 초과하면 심리적인 문제를 발생시킨다고 했던 그릇 말이다. 그리고 이 그릇은 뇌의 편도체를 말하는 것이라고도 〈뇌 속의 경보기, 편도체〉에서 설명했었다.

이에 환자들은 자신들의 편도체에 쌓인 상처들을 비워낼 필요가 있다. 따라서 상담자들은 환자들이 이야기하는 이야기를 정말 '무조건 수용'하는 마음으로 들어주어야 한다. 편도체에 쌓인 상처들은 누군가 그 상처를 함께 해주어야 사라지기 때문이다. 그리고 결국에는 이러한 상처를 보듬어주는 것을 환자가 스스로 할 수 있는 정도가 되면 치료가 완료된 것이다. 그러나 환자들은 상처로 인해 이러한 힘이 없는 상태기 때문에 로저스가 '인간 중심 상담'에서 강조한 상담이 필요하다. 그리고 이렇게 되면 정신분석에서 강조한 무의식에 쌓여있는 상처들도 함께 어루만질 수 있게 된다.

그리고 2장 〈뇌 속의 경보기, 편도체〉에서 편도체가 경보기 역할을 한다는 설명을 기억할 것이다. 이러한 편도체의 역할로 인해서 우리들이 위험 상황을 피할 수 있게 되지만, 편도체가 너무 많이 경보기를 울리면 우리의 삶이 힘들어진다는 것도 말이다. 그래서 이때 내가 추천했던 방법이 걱정하는 것을 글로 써서 눈으로 확인하면 그 불안이 줄어들 것이라고 말했다(비슷한 방법으로 〈선생님, 저 죽고 싶어요〉에서 추천했던 느낌노트도 아주 좋은 방법이다). 이는 '게슈탈트 심리치료'에서 말하는 '알아차림'과 아주 연관이 깊다.

그럼 편도체만 잘 다루면 우리들의 심리적인 문제가 다 해결될까? 사실 편도체만 잘 다루는 것만으로도 많은 심리적인 문제를 해결할 수 있다. 그러나 이는 뇌의 가장 앞부분에 있는 전두엽까지 잘 활용할 때에 가능하다. 전두엽은 1장 〈제가 이상하다고요?〉에서 말한 대로 우리들의 감정이나 행동을 조절하고 제어하는 역할을 담당한다. 그리고 더해서 우리들이 어떠한 것을 계획하고 실행할 수 있도록 해주는 부분이다. 편도체가 정서를 담당한다면, 전두엽은 인지를 담당한다고 보면 된다.

전두엽 부분을 다룰 수 있는 심리치료 기법은 '합리적 정서행동치료'와 '현실치료'이다. ABCDE 기법에서 보았듯이 자기 생각이 합리적인지 비합리적인지 면밀하게 살피는 작업이 우리의 전두엽을 강화해줄 것이고, 현실치료에서 말하는 우리가 우리의 삶을 온전히 책임지려고 할 때 전두엽이 강화가 된다.

이렇게 보면 위에서 설명한 5가지 이론이 다 중요한 것으로 결론이 난다. 그렇다. 우리는 우리들의 심리적인 문제를 해결할 때 다양한 이론을 활용하는 것이 좋다. 어떠한 사람에게는 정신분석 이론이 더 잘 맞을 수 있고, 어떠한 사람에게는 '합리적 정서행동치료'가 잘 맞을 수 있지만 난 한 사람에게 심리치료를 종합적으로 사용하는 것이 필요하다고 생각한다. 이를 심리학에서는 '통합치료'라고 부른다.

지금까지의 내용은 심리학과 대학원 과정에서 배우는 이야기이다.

실제 대학원과정 2년 내내 배워도 잘 모르겠는 이론을 단 몇 페이지로 전달한다는 것은 한계가 있다. 그래도 마음의 병이 왜 생기고, 우리가 어떻게 하면 이를 극복할 수 있는지에 대해서 어렴풋하게라도 알고 있으면 여러분들의 삶에 많은 도움이 될 것이라는 생각에 이번 절을 작성했다. 부디, 이번 절이 여러분들의 행복에 도움이 될 수 있기를 소망한다.

　우선, 이 책을 끝까지 읽어준 여러분들에게 감사한 마음을 표현하고 싶다. 여러분들이 쉽게 읽고, 이해할 수 있도록 많이 고민하고, 노력했지만 아마도 내용을 이해하는데, 어려움을 겪은 분들이 많았을 것이다.

　그래도 여기까지 책을 읽으신 분들이라면 책 내용이 분명 도움이 되었을 것이라고 확신한다. 그리고 책 내용이 생소한 개념들이 많아서 한 번 읽고 책장에만 꼽아두지 말고, 일상생활을 하면서 많이 참고했으면 좋겠다.

　그리고 이 책이 나올 수 있도록 도움을 주신 많은 분께 감사함을 표현하고 싶다. 우선, 지금은 하늘나라에 계시지만 나에게 너무도 큰 사랑을 주셨던 할아버지, 할머니, 아직 박사과정이 아님에도 나를 항상 박사님이라고 불러주시는 외할아버지, 외할머니, 나를 항상 믿어주시고 응원해주시는 부모님, 우리 가족에게 항상 큰 힘이 되어주셨던 고모님이 계셨기에 지금의 내가 있을 수 있었다. 감사드린다.

고등학생 시절 내가 좌절할 때마다 나에게 힘이 되어 주신 박현주 선생님, 학부 시절 항상 따뜻하게 우리를 격려해주셨던 강혜자 교수님, 많이 방황했던 나를 놓지 않고 심리상담사가 될 수 있도록 지도해주신 이영순 교수님, 사랑으로 나의 아픔을 함께 해주시고 지도해주신 대화스님, 힘들었던 대학원 시절을 잘 마칠 수 있도록 함께해주신 박사 선생님들, 대학원 선후배·동기들, 청소년들의 행복을 위해 나와 함께 노력했던 '전주시청소년상담복지센터' 직원분들이 계셨기에 이 책이 나올 수 있었다. 감사드린다.

좋은 책 쓰기 프로그램을 운영해 참여할 수 있도록 해주신 김병완 작가님, 유튜브 강의를 통해 책 출간을 도와주신 김새해 작가님, 책을 쓰는데 부족한 부분을 지도해주신 유민수 코치님, 여러 코멘트와 지지를 해주신 박석홍 교수님, 유성실 선생님, 김성수 선생님, 임지원 선생님. 초보 작가의 원고임에도 불구하고 이 책을 출간하고자 힘써주신 '바이북스' 윤옥초 대표님과 직원분들께도 감사함을 표현하고 싶다. 그리고 나와 함께 책을 쓰자는 목표를 가지고 서로 응원을 해서 최근《인생에서 나만의 기준을 만드는 방법》이라는 멋진 책을 쓴

손종우 작가님에게도 감사함을 표현하고 싶다.

사실 쉽지 않았다. 이 책을 쓰기 시작한 것이 '전주시청소년상담복지센터'에 근무를 하면서 퇴근 후, 대리운전을 할 때였기 때문이다. 당시 난 오전 7시에 일어나서 출근 준비를 하고, 오전 9시부터 저녁 6시까지 근무 후 저녁 8시부터 새벽 1시까지 대리운전을 하는 상태였다. 나는 잠시 짬이 날 때마다 노트북을 켜서 책을 썼고, 주말에는 도서관에 가서 책을 썼다. 그래서인지 그 당시 나의 모습이 떠오르면서 이 책이 출판된다는 사실이 더 기쁘게 느껴진다.

그러나 나는 이 책이 끝이 아니라 앞으로 더 많은 책을 쓰고자 하는 꿈이 있다. 앞으로 평생 10권 이상의 책을 쓸 것이며, 그중에 베스트셀러나 스테디셀러가 나오길 꿈꾸고 있다. 굳이 이러한 꿈을 이 책에 적는 이유는 이렇게 나의 꿈을 공공연하게 밝힘으로써 나 자신을 더 다지기 위함이며, 훗날 독자들께서도 '김진영'이라는 작가가 정말로 10권 이상의 책을 썼는지 확인하는 기쁨을 누리도록 하기 위함이다. 만약 내가 10권 이상의 책을 쓰지 않았다면 나를 꾸짖어주시기 바란다.

자주 그리고 많이 웃는 것,

현명한 이에게 존경을 받고,
아이들에게 사랑을 받는 것,
정직한 비평가의 찬사를 듣고,
경솔한 친구의 배신을 참아내는 것.

아름다움을 식별할 줄 알며 다른 이들에게서
최선의 것을 발견하는 것,
건강한 아이를 낳든 한 뙈기 정원을 가꾸든
사회 환경을 개선하든 자기가 태어나기 전보다
세상을 조금이라도 더 좋게 만들고 떠나는 것,

자신이 한때 이곳에 살았으므로 인해서
단, 한 사람의 인생이라도 행복해지는 것,
이것이 성공이다.

미국의 대문호 '랠프 월도 에머슨'의 시 〈무엇이 성공인가?〉이다.
이 책이 단 한 사람의 인생이라도 행복해 지는데 도움을 주길 바라
며 글을 마친다. 지금까지 부족한 글을 읽어주신 여러분들께 진심으
로 감사드린다.